CONTENIDO

Karl Marx - La Lucha de Clases

Douglas Stones

BIOGRAFÍA DE KARL MARX

Karl Marx nació en Tréveris, Alemania, el 5 de mayo de 1818. Su abuelo paterno, Meier Halevi Marx, era el rabino de Tréveris, y su madre, Henrietta Presburg, también era judía. Sin embargo, su padre, Heinrich Marx, se convirtió al cristianismo, no porque creyera en la religión, sino para seguir ejerciendo su profesión, ya que en aquella época los judíos no eran libres de ejercer todas las profesiones y realizar transacciones comerciales.

Es interesante pensar que el principal autor de la causa obrera nació en una familia judía de clase media. La región de Alemania donde nació Marx y el contexto histórico son fundamentales para entender su biografía y su pensamiento. El hecho de que su padre tuviera que convertirse al cristianismo, las dificultades que experimentaban los judíos por el mero hecho de serlo, el contexto político anterior a la revolución y las cuestiones filosóficas de su época son aspectos cruciales para entender su obra.

En octubre de 1835, Marx ingresó en la Universidad de Bonn para estudiar Derecho, a la edad de 17 años. En 1836 el padre de Marx lo trasladó a la Universidad de Berlín. Ese mismo año Marx y Jenny se comprometieron en matrimonio. Tanto la familia de Jenny como la de Marx no estaban entusiasmadas con la pareja, lo que hizo que ambos tardaran 7 años en casarse finalmente. La vida de ambos estuvo marcada por la colaboración, ya que Jenny transcribía y traducía las obras de su marido. Los dos tuvieron 7 hijos, dos de los cuales murieron de enfermedades relacionadas con la pobreza en la que vivían.

La principal obra de Karl Marx, titulada **"El Capital"** (*Das Kapital*), tardó 16 años en completarse. Durante este período, él y su familia vivieron épocas de gran necesidad y casi siempre fueron apoyados por su principal amigo y colaborador, Friedrich Engels. Su esposa, aunque era hija de un barón, no podía mantener a la numerosa familia durante mucho tiempo. Y a pesar del reconocimiento que recibió el autor tras su muerte, sus libros no causaron mucho revuelo durante su publicación.

Marx es conocido como el fundador de un área de conocimiento dentro de las ciencias humanas. Sus obras tratan de historia, filosofía, economía y sociología. Es innegable la contribución de Marx a la economía, especialmente en la teoría del valor económico y el desarrollo de conceptos como la plusvalía y la fetiche de la mercancía. Para la historia, la concepción materialista se considera un punto de inflexión. Pensar una salida del capitalismo, buscando nuevas formas de producción y distribución económica que igualaran a los hombres en sus condiciones materiales y sociales, liberándolos de la alienación, fue uno de los mayores esfuerzos de la teoría de Marx.

La obra de Marx se analiza casi siempre a partir de sus influencias intelectuales, como Hegel, Fauerbach, Ricardo y Adam Smith. El alcance de sus obras es inconmensurable, pero podemos citar la Revolución Rusa como uno de los acontecimientos relacionados con el impacto de su obra. Su nombre se asocia invariablemente a las teorías sobre el comunismo, el socialismo y la revolución.

Karl Marx murió el 14 de marzo de 1883 en Londres.

CAPÍTULO I: DE FEBRERO A JUNIO DE 1848

A excepción de algunos capítulos, todas las divisiones importantes de los anales de la revolución de 1848 a 1849 llevan por título "¡Derrota de la revolución!"

En estas derrotas, no fue la revolución la que sucumbió. Se trataba de los tradicionales apéndices prerrevolucionarios, resultantes de las relaciones sociales que aún no se habían agudizado hasta convertirse en violentas contradicciones de clase: personas, ilusiones, ideas, proyectos que el partido revolucionario no había desarrollado antes de la revolución de febrero y que no pudo realizar con la victoria de febrero, sino con una serie de derrotas.

En una palabra: no fue por sus conquistas tragicómicas inmediatas por lo que el progreso revolucionario se abrió paso; por el contrario, fue sólo al provocar una contrarrevolución fuerte y compacta, fue en la creación de un adversario y en su combate que el partido de la subversión pudo por fin convertirse en un partido realmente revolucionario.

El propósito de las siguientes páginas es demostrar cómo se llegó a esto.

La Derrota De Junio De 1848

Después de la revolución de junio, cuando el banquero liberal Laffitte condujo en triunfo a su compadre, el duque de Orleans, a la Prefectura, dejó escapar estas palabras: "Ahora comienza el reinado de los banqueros". Laffitte había traicionado el secreto de la revolución. La burguesía francesa no reinaba bajo Luis Felipe, era sólo una parte del reino: los banqueros, los reyes de la Bolsa, los reyes de los ferrocarriles, los propietarios de las minas de carbón y de hierro, los propietarios de los bosques y la parte de los terratenientes relacionados con ellos, los que componen la llamada aristocracia financiera. Reinaba, dictaba las leyes a las Cámaras, se repartía los cargos públicos, desde los ministerios hasta los estancos.

La burguesía industrial propiamente dicha formaba parte de la oposición oficial, es decir, era minoritaria en las Cámaras. Su oposición se hizo más y más decidida a medida que el desarrollo de la hegemonía de la aristocracia financiera se hacía más evidente; después de los disturbios de 1832, 1834 y 1839, que ahogó en sangre, llegó a creer que su dominio sobre la clase obrera estaba asegurado. Grandin, fabricante de Rouen, el órgano más fanático de la reacción burguesa, tanto en la Asamblea Nacional Constituyente como en la Legislativa, fue el opositor más violento de Guizot en la Cámara de Diputados. Léon Faucher, conocido más tarde por sus vanos esfuerzos por enarbolar el papel de Guizot de la contrarrevolución francesa, en los últimos días de Luis Felipe luchó de un plumazo a favor de la Industria y contra la especulación y sus seguidores gubernamentales. Bastiat, en nombre de Burdeos y de toda la Francia vitivinícola, se agita contra el sistema dominante.

La pequeña burguesía en todos sus matices y la clase campesina quedaron completamente excluidas del poder político. Por último, se encontraban en la oposición oficial, o completamente fuera del Estado legal, los representantes ideológicos y los portavoces de las clases que acabamos de mencionar, sus eruditos, sus abogados, sus médicos, etc., los que, al fin y al cabo, eran considerados como las "capacidades".

Desde el principio, la penuria financiera colocó a la monarquía de julio bajo la dependencia de la alta burguesía. Esta dependencia se convirtió en la fuente inagotable de crecientes dificultades financieras. Es imposible subordinar la gestión del Estado al interés de la producción nacional sin establecer el equilibrio del presupuesto, es decir, el equilibrio entre los gastos y los ingresos del Estado. ¿Y cómo establecer este equilibrio sin reducir la marcha del Estado, es decir, sin perjudicar los intereses que eran como los pilares del sistema dominante, y sin reorganizar la situación fiscal, es decir, sin arrojar una parte considerable de la carga fiscal sobre los hombros de la gran burguesía?

El endeudamiento del Estado era, por el contrario, el interés directo de la fracción de la burguesía que gobernaba y legislaba con las Cámaras. El déficit del Estado era el objeto mismo de su especulación y la principal fuente de su enriquecimiento. Al final de cada año, un nuevo déficit. Después de cuatro o cinco años, un nuevo préstamo. Ahora, cada nuevo préstamo proporcionaba a la aristocracia una nueva oportunidad de perjudicar al Estado, que, mantenido artificialmente al borde de la quiebra, se veía obligado a tratar con los banqueros en las condiciones más desfavorables. Cada nuevo préstamo era una nueva oportunidad para defraudar al público, que empleaba su capital en los intereses del Estado. Y esto ocurrió con las operaciones de la Bolsa, en cuyos secretos se iniciaron el Gobierno y la mayoría de la Cámara. En general, la inestabilidad del crédito público y el conocimiento de los secretos de Estado permitieron a los banqueros, así como a sus hermanos en las Cámaras y en el trono, provocar extraordinarias y repentinas fluctuaciones en la circulación de los títulos públicos, cuyo resultado constante no podía ser otro que la ruina de innumerables pequeños capitalistas y el enriquecimiento fabulosamente rápido de los grandes especuladores. Si el déficit presupuestario era el interés directo de la fracción de la burguesía en el poder, se explica que el presupuesto extraordinario, en los últimos años del gobierno de Louis-Filipe, superara ampliamente el doble de la cantidad alcanzada en tiempos de Napoleón, superando los cuatrocientos millones de francos. Además, las enormes sumas que pasaban por las manos del Estado daban lugar a contratos de consignación fraudulentos, a corrupciones, malas prácticas y estafas de todo tipo. El saqueo del Estado, a gran escala, como se practicó con los préstamos,- se repitió en detalle en las obras públicas. Las relaciones entre la Cámara y el Gobierno se multiplicaron en forma de relaciones entre ciertas administraciones y ciertos contratistas.

Además del gasto público en general y del endeudamiento público, la clase dominante también explotó la construcción de líneas ferroviarias. Las Cámaras arrojaron las principales cargas sobre el Estado y aseguraron a la aristocracia financiera especuladora los frutos de oro. Recordemos los escándalos que estallaron en la Cámara de Diputados cuando se descubrió, por casualidad, que todos los miembros de la mayoría, incluidos algunos de los ministros, eran accionistas de las mismas empresas ferroviarias a las que entonces encomendaban, en calidad de legisladores, la ejecución de líneas ferroviarias en nombre del Estado.

Por otro lado, hasta la más mínima reforma financiera se topó con la oposición de los banqueros. Este fue el caso, por ejemplo, de la reforma postal. Rothschild protestó: ¿tiene el Estado derecho a disminuir las fuentes de ingresos que sirven para cancelar los intereses de su creciente deuda?

La monarquía de julio no era más que una sociedad anónima fundada para explotar la riqueza nacional francesa, cuyos dividendos se repartían entre los ministros, las Cámaras, doscientos cuarenta mil electores y su clientela. Louis-Filipe fue el director de esta sociedad con Robert Macaire en el trono. El comercio, la industria, la agricultura, la navegación, los intereses de la burguesía industrial se vieron incesantemente amenazados y lesionados por este sistema. Por ello, esta misma burguesía industrial había escrito en su pancarta durante las jornadas de julio:

"Gobierno a bajo precio".

Mientras la aristocracia financiera dictaba las leyes, dirigía la gestión del Estado, detentaba todos los poderes públicos constituidos, dominaba la opinión pública por la fuerza de los hechos y por la prensa, en todos los ámbitos, desde la corte hasta las tabernas más desprestigiadas, se reproducía la misma prostitución, el mismo engaño desvergonzado, la misma sed de enriquecimiento, no defendiendo sino ocultando la riqueza ya existente de los demás: fue sobre todo en la cumbre de la sociedad burguesa donde se desató la complacencia de las ambiciones más malsanas y más desordenadas, que entraron a cada instante en conflicto con las propias leyes burguesas; porque es allí, donde el disfrute se vuelve infame, donde se mezclan el oro, el barro y la sangre, donde la riqueza derivada del juego busca inevitablemente realizarse. La aristocracia financiera, tanto en su forma económica como en su disfrute, no es más que la resurrección del proletario en jirones en las cumbres de la sociedad burguesa.

En cuanto a la parte de la burguesía francesa que no está en el poder, se lanza contra la corrupción.

El pueblo gritó: "¡Abajo los grandes ladrones! Abajo los asesinos!" cuando, en 1847, en los teatros más ilustres de la sociedad burguesa, se representaban públicamente aquellas escenas que generalmente acompañaban al proletariado en harapos en los burdeles, en los hospitales y en los manicomios, ante los jueces, en las cárceles y en el cadalso.

La burguesía industrial vio amenazados sus intereses, la pequeña burguesía se indignó moralmente, el imaginario popular se rebeló. París se inundó de panfletos: "La dinastía Rothschild", "Los judíos, reyes de la época", etc., donde se denunciaba el dominio de la aristocracia financiera, ofendida, con más o menos ánimo.

¡Nada de gloria! Paz en cada rincón y para siempre! La guerra impone el coste del tres y el cuatro por ciento. Esto era lo que la Francia de los judíos de la Bolsa había escrito en su pancarta. También su política exterior se hundía en una serie de humillaciones del sentimiento nacional francés, que reaccionó más vivamente que cuando la anexión de Cracovia por Austria había consumado el saqueo de Polonia, que cuando Guizot, en la guerra de la Sonderbund helvética, se había puesto activamente del lado de la Santa Alianza. La victoria de los liberales suizos en este remedo de guerra devolvió la confianza a la oposición burguesa en Francia, la sangrienta rebelión del pueblo en Palermo actuó como una descarga eléctrica sobre la masa paralizada del pueblo y despertó sus grandes recuerdos y sus pasiones revolucionarias.

Finalmente, dos acontecimientos económicos mundiales precipitaron la explosión del malestar general y maduraron el descontento hasta la revuelta.

La enfermedad de la patata y las malas cosechas de 1845 y 1846 aumentaron la efervescencia general del pueblo. El aumento del coste de la vida en 1847 provocó en Francia, como en el resto del continente, conflictos sangrientos. Frente a las escandalosas orgías de la aristocracia financiera, ¡fue la lucha del pueblo por los más elementales medios de existencia! En Buzançais, los alborotadores del hambre fueron ejecutados; en París, los canallas saciados escaparon de los tribunales gracias a la familia real.

El segundo gran acontecimiento económico que aceleró el estallido de la revolución fue una crisis general del comercio y la industria en Inglaterra. Anunciada ya durante el otoño de 1845 por la derrota masiva de los especuladores en las acciones ferroviarias, detenida durante el año 1846 por una serie de medidas marginales, como la inminente supresión de los derechos de aduana sobre el trigo, esta derrota se desencadenó finalmente en el otoño de 1847 por la quiebra de los grandes comisarios coloniales en Londres, que fue seguida de cerca por la quiebra de los bancos provinciales y el cierre de las fábricas en los distritos industriales ingleses. Las repercusiones de la crisis aún no se habían agotado en el continente cuando estalló la revolución de febrero.

Los daños causados al comercio y a la industria por la crisis económica hicieron más insoportable la omnipotencia de la aristocracia financiera. La oposición burguesa provocó una campaña de banquetes en toda Francia a favor de una reforma fiscal que debía ganar para sí la mayoría en las Cámaras y hacer caer el Ministerio de la Bolsa. En París, la crisis industrial tuvo también la consecuencia particular de arrojar sobre el comercio interior una masa de fabricantes y grandes comerciantes que, en las condiciones del momento, ya no podían hacer negocios en el mercado exterior. Crearon grandes establecimientos cuya competencia provocó la ruina de innumerables tenderos y comerciantes. De ahí una enorme cantidad de quiebras en esta fracción de la burguesía parisina; de ahí su acción revolucionaria en febrero. Se sabe cómo Guizot y las Cámaras contrarrestaron estas propuestas de reforma con una provocación ambigua; que Luis Felipe se decidió demasiado tarde a formar un ministerio de Barrot; que el pueblo y el ejército acudieron a la lucha; que el ejército fue desarmado como consecuencia de la actitud pasiva de la guardia nacional y que la monarquía de julio tuvo que ceder.

El Gobierno Provisional nacido de las barricadas de febrero reflejaba necesariamente en su composición los diversos partidos que se repartieron la victoria. Sólo podía ser un compromiso entre las diferentes clases que habían derrocado juntas al trono de julio, pero cuyos intereses eran opuestos. Estaba compuesto en su mayor parte por representantes de la burguesía. La pequeña burguesía republicana estaba representada por Ledru-Rollin y Flocon; la burguesía republicana por gente del Nacional, la oposición dinástica por Crémieux, Dupont de lEure, etc. La clase obrera sólo tenía dos representantes, Louis Blanc y Albert. Lamartine, en fin, en el gobierno provisional, no representaba ningún interés real, ninguna clase determinada; era la propia revolución de febrero, el levantamiento común con sus ilusiones, su poesía, su contenido imaginario y sus cursos di. Pero, en el fondo, el portavoz de la revolución de febrero, tanto por su posición como por sus opiniones, pertenecía a la burguesía.

Si París, como consecuencia de la centralización política, domina a Francia, los obreros dominan a París en los momentos de agitación revolucionaria. La primera manifestación de la existencia del Gobierno Provisional fue el intento de eludir esta influencia predominante lanzando desde un París excitado un llamamiento a la sangre fría de Francia. Lamartine discutió el derecho de los combatientes en las barricadas a proclamar la República, afirmando que sólo la mayoría de los franceses tenía el poder de hacerlo: que era necesario esperar su voto, que el proletariado parisino no manchara su victoria con una usurpación. La burguesía no permite al proletariado más que una usurpación: la de la lucha.

El 25 de febrero, hacia el mediodía, aún no se había proclamado la República, pero todos los ministerios estaban ya repartidos entre los elementos burgueses del Gobierno Provisional y entre los generales, banqueros y abogados del Nacional. Pero esta vez, los trabajadores estaban decididos a no tolerar más una escaramuza similar a la de julio de 1830. Estaban dispuestos a iniciar una nueva lucha e imponer la República por la fuerza de las armas. Con esta misión, Raspail se dirigió a la Prefectura. En nombre del proletariado parisino, ordenó al Gobierno Provisional que proclamara la República, declarando que si esta orden del pueblo no se ejecutaba en dos horas, él regresaría al frente de doscientos mil hombres. Los cadáveres de los combatientes apenas se habían enfriado, las barricadas no habían sido retiradas, los trabajadores seguían armados y la única fuerza que podía oponerse a ellos era la guardia nacional. En tales circunstancias, las consideraciones políticas y los escrúpulos legales del Gobierno Provisional desaparecieron de repente. Todavía no se había agotado el plazo de dos horas cuando todos los muros de París se desplegaron en caracteres gigantescos:

"¡República Francesa! Libertad, Igualdad, Fraternidad".

Con la proclamación de la República sobre la base del sufragio universal, los objetivos y los motivos que habían lanzado a la burguesía a la revolución de febrero se desvanecían en meros recuerdos. En lugar de unas pocas fracciones de la burguesía, fueron todas las clases de la sociedad francesa las que se vieron repentinamente proyectadas en la órbita del poder político, obligadas a abandonar los palcos, el público y la galería para representarse a sí mismas en el escenario revolucionario. Con la realeza constitucional desapareció también una apariencia de poder público que se oponía arbitrariamente a la sociedad burguesa y toda una serie de luchas subordinadas que este tipo de poder requiere!

Al imponer la República al Gobierno Provisional y, a través de él, a toda Francia, el proletariado se puso inmediatamente en primer plano como partido independiente; pero en el mismo movimiento lanzó un desafío a la Francia burguesa. Lo que había conquistado era el terreno para la lucha por su emancipación revolucionaria, pero no la emancipación misma.

Era necesario, por el contrario, que la República de Febrero perfeccionara, en primer lugar, la dominación de la burguesía, introduciendo, junto a la aristocracia financiera, a todas las clases capitalistas en la esfera del poder político. La mayoría de los grandes terratenientes, los legitimistas, salieron de la nulidad política a la que les había condenado la monarquía de julio. No había sido sin razón que la Gaceta de Francia había conducido la agitación de acuerdo con los periódicos de la oposición; no había sido sin razón que La Rochejaquelein, en la Cámara, en la sesión del 24 de febrero, había adoptado el partido de la revolución. Mediante el sufragio universal, los propietarios nominales que forman la gran mayoría de los franceses, los campesinos, fueron instituidos árbitros del destino de Francia. El Partido Bolchevique, que era el Partido Bolchevique del Partido Bolchevique, había adoptado el partido de la revolución por sufragio universal, erigiéndose los terratenientes nominales, que formaban la gran mayoría del pueblo francés, los campesinos, como árbitros del destino de Francia.

Así como en las jornadas de julio los obreros habían depuesto la monarquía burguesa por medio de la lucha, en las jornadas de febrero fue la República burguesa. Así como la monarquía de julio se vio obligada a presentarse como una monarquía rodeada de instituciones republicanas, la República de febrero tuvo que declararse como una república rodeada de instituciones sociales. El proletariado parisino también impuso este compromiso.

Fue un obrero, Marche, quien dictó el decreto en el que el recién formado Gobierno Provisional se comprometía a asegurar la existencia de trabajadores para el trabajo, a proporcionar trabajo a todos los ciudadanos, etc. Y como pocos días después olvidó estas promesas y parecía haber perdido de vista al proletariado, veinte mil obreros marcharon sobre la Prefectura, a los gritos de "¡Organización del trabajo! Constitución de un ministerio especial de Trabajo". Contra su voluntad, y tras largos debates, el Gobierno Provisional nombró una comisión especial permanente encargada de buscar los medios para mejorar las condiciones de vida de las clases trabajadoras. Esta comisión estaba formada por delegados de los gremios profesionales de París y presidida por Louís Blanc y Albert. Se le asignó el Luxemburgo como sala de sesiones. De este modo, los representantes de la clase obrera se encontraron desterrados de la sede del Gobierno provisional, del que la facción burguesa conservaba en sus manos el verdadero poder del Estado y las riendas de la administración; y junto a los Ministerios de Hacienda, de Comercio, de Servicios Públicos, junto a la Banca y la Bolsa, se levantó una sinagoga socialista cuyos grandes sacerdotes, Luis Blanc y Alberto, tenían por misión descubrir la tierra prometida, proclamar el nuevo evangelio y dar trabajo al proletariado parisino. A diferencia de cualquier poder estatal ordinario, no tenían presupuesto ni poder ejecutivo. Con sus cabezas debían derribar los pilares de la sociedad burguesa. Mientras Luxemburgo buscaba la piedra filosofal, la moneda legal se acuñaba en la Prefectura.

Y, sin embargo, las reivindicaciones del proletariado parisino, en la medida en que superaban los límites de la República burguesa, no podían adquirir otra existencia que la, nebulosa, de Luxemburgo.

Fue con la burguesía que los obreros habían hecho la Revolución de Febrero; fue del lado de la burguesía que habían tratado de hacer prevalecer sus intereses; así como fue con la mayoría burguesa que habían instalado a un obrero en el propio Gobierno Provisional. ¡Organización del trabajo! Pero el asalariado es la organización burguesa del trabajo realmente existente. Sin él, no hay capital, ni burguesía, ni sociedad burguesa. Un ministerio de trabajo especial! Pero, ¿no son los ministerios de Hacienda, Comercio y Servicios Públicos los ministerios del Trabajo burgués? A su lado, un ministerio proletario de Trabajo sólo podría ser un ministerio de Impotencia, un ministerio de Promesas Pías, una comisión de Luxemburgo. Así como los obreros creían en emanciparse del lado de la burguesía, también pensaban en llevar a cabo una revolución proletaria del lado de otras naciones burguesas y dentro de las fronteras nacionales de Francia. Pero las condiciones de producción de Francia están determinadas por su comercio exterior, por su posición en el mercado mundial y por las leyes de éste. ¿Cómo podría Francia romperlas sin que una guerra revolucionaria europea esperara, como compensación, a Inglaterra, el déspota del mercado mundial?

Una clase que concentra en sí misma los intereses revolucionarios de la sociedad, desde el instante en que se subleva encuentra inmediatamente en su propia situación el contenido y la materia de su actividad revolucionaria: aplastar a sus enemigos, tomar las medidas impuestas por las necesidades de la lucha; y son las consecuencias de sus propios actos las que la impulsan hacia adelante. No se entrega a ninguna investigación teórica sobre su propia misión. La clase obrera francesa aún no había llegado a ese punto; era incapaz todavía de consumar su propia revolución.

El desarrollo del proletariado industrial tiene como condición general el desarrollo de la burguesía industrial. Sólo bajo la dominación de ésta, su existencia adquiere una amplitud nacional que le permite elevar su revolución al nivel de una revolución nacional; sólo entonces él, el proletariado industrial, crea por sí mismo los medios de producción modernos que se convierten también en los medios de su liberación revolucionaria. Sólo la dominación de la burguesía industrial extirpa las raíces materiales de la sociedad feudal y prepara el terreno en el que es posible una revolución proletaria. La industria francesa está más evolucionada y la burguesía francesa más desarrollada desde el punto de vista revolucionario que la del resto del continente. Pero, ¿no fue la revolución de febrero directamente dirigida contra la aristocracia financiera? Tal hecho demostró que la burguesía industrial de Francia no reinaba. La burguesía industrial no puede reinar sino allí donde la industria moderna ha configurado a su manera todas las relaciones de propiedad; y la industria no puede adquirir este poder sino allí donde ha conquistado el mercado mundial, pues las fronteras nacionales no son suficientes para su desarrollo. Ahora, la industria francesa sigue siendo en gran parte dueña del mercado mundial sólo gracias a un sistema prohibitivo sujeto a modificaciones más o menos importantes. Si, en consecuencia, el proletariado francés posee, en el momento de una revolución en París, un poder y una influencia reales que lo incitan a luchar más allá de sus fuerzas, en el resto de Francia se concentra en algunos puntos dispersos, donde la industria está centralizada, y desaparece casi por completo bajo el número superior de campesinos y pequeños burgueses. La lucha contra el capital, desarrollada bajo la forma moderna en su plenitud que es la lucha del asalariado industrial contra la burguesía industrial, fue en Francia un hecho parcial que, después de las jornadas de febrero, pudo alimentar aún menos el contenido nacional de la revolución, ya que la lucha contra las formas inferiores de explotación del capital, la lucha de los campesinos contra la usura de la hipoteca, de los pequeños burgueses contra el gran comerciante, el banquero y el fabricante -en definitiva, contra la bancarrota-, seguía hundida en la revuelta general contra la aristocracia financiera en general. También se explica fácilmente que el proletariado de París pretendiera hacer triunfar sus intereses sobre los intereses de la burguesía en lugar de reivindicarlos como intereses revolucionarios de la propia sociedad, y que abatiera la bandera roja antes que la bandera tricolor Los obreros franceses no pudieron dar un solo paso adelante, ni tocar un solo pelo del régimen burgués, antes de que las otras clases situadas entre el proletariado y la burguesía -campesinos y pequeños burgueses sublevados contra ese régimen, contra la dominación del capital-, se vieran obligadas por la marcha de la revolución a aliarse con los proletarios, su vanguardia. Sólo con la sorprendente derrota de junio, los trabajadores pudieron obtener esta victoria.

La comisión de Luxemburgo, esta creación de los obreros de París, tiene el mérito de haber revelado, desde lo alto de una tribuna europea, el secreto de la revolución del siglo XIX: la emancipación del proletariado. El Moniteur estalló, cuando tuvo que difundir oficialmente las "exaltaciones desordenadas" que hasta entonces habían quedado enterradas en las obras apócrifas de los socialistas y que, como las lejanas leyendas medio terroríficas, medio ridículas, sólo venían de vez en cuando a resonar en los oídos de la burguesía. Europa despertó sobresaltada, en la sorpresa de su torpeza burguesa. Así, en el espíritu de los proletarios que siempre confundieron a la aristocracia financiera con la burguesía, en la imaginación de los valientes republicanos que negaban incluso la existencia de clases o la admitían a lo sumo como consecuencia de la monarquía constitucional, en las hipócritas palabras de las facciones burguesas hasta entonces excluidas del poder, la dominación de la burguesía fue abolida con la instauración de la República. Todos los monárquicos se habían convertido en republicanos y todos los millonarios de París en obreros. La palabra que correspondía a esta eliminación imaginaria de las relaciones de clase era fraternidad; fraternización y fraternidad universales. La negación inofensiva de los antagonistas de clase, el equilibrio sentimental entre los intereses de clase contradictorios, la exaltación entusiasta por encima de la lucha de clases, la fraternidad fue realmente el lema de la revolución de febrero. Era un simple malentendido que separaba a las clases, y el 24 de febrero Lamartine bautizó al Gobierno Provisional como "un gobierno que pone fin a este terrible malentendido que existe entre las diferentes clases." El proletariado de París se dejó llevar por esta generosa embriaguez de fraternidad.

Por su parte, el Gobierno Provisional, una vez obligado a proclamar la República, hizo todo lo posible por hacerla aceptable para la burguesía y las provincias. Los sangrientos horrores de la primera República Francesa fueron condenados con la abolición de la pena de muerte por delito político; la prensa fue liberada para cualquier tipo de opinión; el ejército, los tribunales y la administración permanecieron, con algunas excepciones, en manos de sus antiguos dignatarios; no se exigieron explicaciones a ninguno de los grandes culpables de la monarquía de julio. Los burgueses republicanos del Nacional se divertían cambiando los nombres y las ropas de la monarquía por los de la vieja República. A sus ojos, la República no era más que un nuevo vestido de baile para la vieja sociedad burguesa. El principal mérito de la joven República fue que no asustó a nadie, sino que se asustó continuamente a sí misma y, con su mansedumbre, con su vida pasiva, ganó el derecho a la vida y el desarme de la resistencia. A las clases privilegiadas del interior, a las potencias despóticas del exterior, se les proclamaba en buen tono que la República era de carácter pacífico: vive y deja vivir era su lema. Además, poco después de la revolución de febrero, los alemanes, los polacos, los austriacos, los holandeses, los italianos se rebelaron, cada pueblo según su situación. Rusia e Inglaterra aún no habían llegado tan lejos; la primera estaba contenida por el terror, mientras que la segunda estaba en un estado de ebullición. La República, entonces, no vio una sola nación enemiga ante ella. De ahí que no haya grandes complicaciones externas que puedan reavivar las llamas, precipitar el proceso revolucionario, hacer avanzar al Gobierno provisional o, en su caso, arrojarlo al mar. El proletariado parisino, que veía en la República su propia creación, aclamaba naturalmente todo acto del Gobierno Provisional que le permitiera ocupar más fácilmente su lugar en la sociedad burguesa. Se dejó emplear dócilmente por Caussidière en las funciones de policía para proteger la propiedad en París, al igual que permitió que los conflictos salariales entre obreros y patronos fueran concluidos amistosamente por Louis Blanc. Consideraba esencial mantener el honor burgués de la República inmaculado a los ojos de Europa.

La República no encontró resistencia ni en su país ni en el extranjero. Eso es lo que lo desarmó. Su misión no era transformar revolucionariamente el mundo; sólo consistía en adaptarse a las condiciones de la sociedad burguesa. Nada atestigua más elocuentemente el fanatismo con que el Gobierno Provisional se entregó a esa misión que las medidas financieras que adoptó.

El crédito público y el crédito privado se vieron naturalmente sacudidos. El crédito público se basa en la creencia de que el Estado se deja explotar por los judíos de las finanzas. Pero el viejo Estado había desaparecido y la revolución se dirigió en primer lugar contra la aristocracia financiera. Los vaivenes de la última crisis comercial en Europa aún no habían terminado. Las quiebras seguían sucediéndose.

Los bolcheviques y los mencheviques estaban en proceso de crear un partido de la clase obrera en el país, y de crear un partido de la clase obrera en el país. La crisis revolucionaria intensificó la crisis comercial. Ahora bien, el crédito privado se basa en la creencia según la cual la producción burguesa en toda la amplitud de sus relaciones, el orden burgués, es inviolable y no se puede violar. ¿Cuál no iba a ser el efecto de una revolución que ponía en cuestión los fundamentos de la producción burguesa, la esclavitud económica del proletariado, y descifraba cara a cara la esfinge de Luxemburgo? La revuelta del proletariado es la supresión del crédito burgués, porque es la supresión de la producción burguesa y de su régimen. El crédito público y el crédito privado son el termómetro económico para medir la intensidad de una revolución. Mientras ellos, los créditos, caen, el ardor febril y la fuerza creativa de la revolución aumentan.

El Gobierno Provisional quería despojar a la República de su apariencia antiburguesa. En primer lugar, era necesario asegurar el valor de cambio de esta nueva forma de Estado, su precio en la Bolsa. Con la cotización actual de la República en la Bolsa, el crédito privado volvió a subir necesariamente.

Para disipar incluso la sospecha de que no quería o no podía cumplir con las obligaciones legadas por la monarquía, para restablecer la confianza en la moral burguesa, en la solvencia de la República, el Gobierno Provisional recurrió a un braggadocio tan pueril como indigno. Antes del vencimiento legal, pagó a los acreedores del Estado los intereses del cinco, cuatro y medio y cuatro por ciento. La arrogancia burguesa, la seguridad de los capitalistas se despertaron bruscamente cuando vieron la ansiosa prisa con la que se pretendía comprar su confianza.

El apuro financiero del Gobierno Provisional no se vio aliviado por este golpe de efecto que le privó de los pocos recursos disponibles. La penuria financiera ya no podía ocultarse y correspondía a la pequeña burguesía, a los empleados y a los obreros pagar la agradable sorpresa hecha a los acreedores del Estado.

Las cuentas de ahorro cuyo importe superaba los cien francos fueron declaradas no reembolsables en efectivo. Las cantidades depositadas en las cuentas de ahorro fueron confiscadas y convertidas por decreto en una deuda impagable del Estado. La pequeña burguesía, ya mal tratada, se irritó con la República. Al recibir bonos del Tesoro en lugar de su cuenta de ahorros, se vio obligado a ir a venderlos a la Bolsa y a entregarse en manos de los judíos de la Bolsa, los mismos contra los que había hecho la revolución de febrero.

La aristocracia financiera, que reinaba en la monarquía de julio, tenía su catedral en el Banco. Así como la Bolsa administra el crédito público, el Banco gobierna el crédito comercial.

Directamente amenazado por la revolución de febrero, no sólo en su dominio sino en toda su existencia, el Banco se aplicó desde el principio a desacreditar a la República generalizando la suspensión del crédito. Bruscamente suspendió todo el crédito a los banqueros y comerciantes. Como esta maniobra no provocó una contrarrevolución inmediata, el Banco dirigió su contragolpe contra sí mismo. Los capitalistas retiraron el dinero que habían depositado en sus bodegas. Los bolcheviques y los socialistas-revolucionarios, que no habían sido capaces de provocar una contrarrevolución inmediata, dirigieron su contraataque contra ellos mismos.

El Gobierno Provisional podía, sin recurrir a la violencia, quebrar legalmente el Banco; le bastaba con mantener una actitud pasiva y abandonarlo a su suerte. La quiebra del Banco fue el diluvio que barrió de un plumazo del suelo francés a la aristocracia financiera, el enemigo más fuerte y peligroso de la República, el pedestal de oro de la monarquía de julio. Una vez que el Banco estuviera en quiebra, la burguesía se vería obligada a considerar como último intento desesperado de salvación la creación por parte del gobierno de un banco nacional y la subordinación del crédito nacional al control de la nación.

El Gobierno Provisional, por el contrario, dio curso forzado a los billetes de banco. Lo hizo aún mejor. Convirtió todos los bancos provinciales en sucursales del Banco de Francia, lo que le permitió extender su red a todo el país. Posteriormente, pignoró los bosques patrimoniales como garantía del préstamo realizado con el Banco. Así, la revolución de febrero consolidó y amplió directamente la "bancocracia" que debía destruir.

Mientras tanto, el Gobierno Provisional se arrastraba por la pesadilla de un déficit creciente. Pidió en vano sacrificios patrióticos. Sólo los trabajadores le daban su limosna. Fue necesario recurrir a una medida heroica, la promulgación de un nuevo impuesto. ¿Pero en quién? Los lobos de la Bolsa, los reyes de la Banca, los acreedores del Estado, los capitalistas, los industriales... No era una forma de hacer que la burguesía aceptara tranquilamente la República. Era, por un lado, poner en peligro el crédito del Estado y el crédito del comercio, que se intentaba comprar, por otro lado, al precio de tan grandes sacrificios, de tan grandes humillaciones. Pero era necesario que alguien pagara. ¿Y quién fue el sacrificado al crédito burgués? Jacques Bonhomme, el campesino.

El Gobierno Provisional estableció un impuesto adicional de cuarenta y cinco céntimos por franco sobre los cuatro impuestos directos. La prensa gubernamental trató de hacer creer al proletariado de París que este impuesto afectaría preferentemente a la gran propiedad, a los propietarios de los mil millones concedidos por la Restauración. Pero, en realidad, el impuesto afectó en primer lugar a la clase campesina, que equivale a la gran mayoría del pueblo francés. Fueron ellos quienes tuvieron que pagar los gastos de la revolución de febrero, fue en ellos donde la contrarrevolución encontró su principal apoyo. El impuesto de cuarenta y cinco centavos era una cuestión de vida o muerte para el campesino francés; lo convirtió en una cuestión de vida o muerte para la República. La República para el campesino de Francia fue a partir de entonces el impuesto de cuarenta y cinco céntimos; y en el proletariado de París vio al despilfarrador que se divertía a su costa.

Mientras que la revolución de 1789 había comenzado liberando a los campesinos de las cargas feudales, la revolución de 1848 se anuncia con un nuevo impuesto sobre la población rural, para no poner en peligro el capital y asegurar el funcionamiento del mecanismo del Estado.

El único medio por el que el Gobierno Provisional podía deshacerse de todos estos inconvenientes y sacar al Estado de sus viejas costumbres era declarando la quiebra del Estado. Se recuerda cómo en la Asamblea Nacional se apoderó Ledru-Rollin, demasiado tarde, de una virtuosa indignación, declarando que rechazaba esta sugerencia del judío erudito Fould, nombrado Ministro de Hacienda. Fould le había extendido el fruto del árbol de la sabiduría.

Reconociendo las deudas que la vieja sociedad burguesa había arrojado al Estado, el Gobierno Provisional se replegó a su discreción. Se había convertido en el deudor avergonzado de la sociedad burguesa, en lugar de erigirse en el acreedor que amenazaba y que tenía que recuperar los créditos revolucionarios de muchos años atrás. Era necesario que consolidara las vacilantes relaciones burguesas para liberarse de las obligaciones que sólo podían cumplirse en el marco de esas relaciones. El crédito se convirtió en una condición de su existencia, y las concesiones, las promesas hechas al proletariado, en cadenas que necesitaba romper. Incluso la simple expresión "emancipación de los trabajadores" suponía un peligro intolerable para la nueva República, porque era una protesta permanente contra el restablecimiento de la confianza que descansa en el reconocimiento ininterrumpido e inalterable de las relaciones económicas de clase existentes. Era necesario entonces romper con los trabajadores.

La revolución de febrero había expulsado al ejército de París. La Guardia Nacional, es decir, la burguesía en sus diversas formas, constituía la única fuerza. Sin embargo, se sentía íntimamente inferior al proletariado. Además, se vio obligado, no sin oponerse con la mayor energía, no sin crear cientos de obstáculos, a abrir poco a poco sus filas para dejar entrar a los proletarios armados. Esto sólo dejaba una salida: enfrentar a un sector del proletariado con otro.

Para ello, el Gobierno Provisional formó veinticuatro batallones para la protección del territorio, cada uno con mil hombres, compuestos por jóvenes de quince a veinte años. Pertenecían en su mayor parte al proletariado andrajoso, que en todas las grandes ciudades constituía una multitud netamente distinta del proletariado industrial: graneros de ladrones y delincuentes de todo tipo, desechos vivientes de la sociedad, individuos sin profesión legal, vagabundos, sin dignidad y sin techo, diferentes según el grado de cultura de la región a la que pertenecían, pero que siempre presentaban el carácter de lazzaroni. Como el Gobierno Provisional los reclutó a una edad muy temprana, eran absolutamente influyentes y capaces de los mayores actos de heroísmo y la más exaltada abnegación, pero también del más sórdido bandolerismo y la más vergonzosa venalidad. El Gobierno Provisional les pagaba a razón de un franco cincuenta al día, o más bien los compraba. Les daba un uniforme especial, es decir, les diferenciaba exteriormente de los obreros con mono de trabajo. Como jefes les dieron oficiales tomados del ejército permanente, o bien jefes elegidos por ellos mismos, jóvenes hijos de la burguesía cuyas fanfarronadas sobre la muerte por la patria y la devoción a la República les sedujeron.

Fue así como tuvo, frente al proletariado de París, un ejército sacado de su propio seno, fuerte, de veinticuatro mil hombres jóvenes, robustos, de una temeridad loca. El proletariado aclamó a la garde mobile durante sus marchas por París. Reconocieron en él a sus combatientes de vanguardia en las barricadas. La consideraba la guardia proletaria en oposición a la guardia nacional burguesa. Su error era perdonable.

Además de la garde mobile, el gobierno también decidió reunir a su alrededor un ejército de trabajadores industriales. Cientos de miles de trabajadores, echados a la calle por la crisis y la revolución, fueron reclutados por la ministra Maríe para los llamados talleres nacionales. Bajo este pomposo nombre sólo se escondía la ocupación de peones en trabajos de relleno tediosos, monótonos e improductivos a cambio de un salario de veintitrés sous. Los talleres ingleses al aire libre, eso es lo que eran estos talleres nacionales. Y nada más. El Gobierno Provisional creía haber formado con estos talleres un segundo ejército proletario contra los propios trabajadores. Pero esta vez la burguesía se equivocó con estos talleres nacionales, al igual que los obreros se habían equivocado con la garde mobile. La burguesía había creado un ejército para la rebelión.

Sin embargo, un objetivo se estaba cumpliendo.

Los talleres nacionales, como se llamaron los talleres populares propugnados por Louis Blanc en Luxemburgo. Los talleres Marie, concebidos en oposición directa al Luxemburgo, por su insignia común dieron lugar a tramas cuyos equívocos eran dignos de las jotas de la comedia española. El propio Gobierno Provisional difundió secretamente el rumor de que estos talleres nacionales eran una invención de Louis Blanc, lo que parecía tanto más creíble cuanto que Louis Blanc, el profeta de los talleres nacionales, era miembro del Gobierno Provisional. Y en la confusión armada, medio ingenuamente, medio intencionadamente, por la burguesía parisina, en la opinión en la que Francia y Europa se preservaron artificialmente, estas casas de trabajo fueron la primera realización del socialismo que, con ellas, se ató a la picota.

No fue por su contenido, sino por su título, que los talleres nacionales dieron consistencia a la protesta del proletariado contra la industria burguesa, contra el crédito burgués y contra la República burguesa. Fue entonces cuando sobre los talleres nacionales cayó todo el odio de la burguesía. Había encontrado de inmediato el punto sobre el que dirigir su ataque, una vez suficientemente fortalecido para romper abiertamente con las ilusiones de febrero. Todo el malestar y toda la amargura de los pequeños burgueses se volvieron en el mismo momento contra los talleres nacionales, ese objetivo común. Con verdadera furia calcularon las sumas absorbidas por esos proletarios perezosos mientras su propia suerte se hacía cada día más intolerable. Un subsidio del Estado por un trabajo ficticio, ¡eso es el socialismo!", gruñían para sus adentros. Los talleres nacionales, los discursos de Luxemburgo, los desfiles obreros por todo París, ahí es donde buscaban la causa de su miseria. Y nadie era más fanático contra las supuestas maquinaciones de los comunistas que los pequeños burgueses, desesperadamente empujados a la bancarrota.

Así, en el cuerpo a cuerpo cada vez más estrecho entre la burguesía y el proletariado, la primera tenía en sus manos todas las ventajas, todos los puestos decisivos, todos los estratos medios de la sociedad, en el momento mismo en que las olas de la revolución de febrero rompían en todo el continente; cuando cada saco de correo llevaba un nuevo panfleto revolucionario, ya fuera de Italia, de Alemania o de los confines del sudeste de Europa, y alimentaba la embriaguez general del pueblo dándole continuos testimonios de una victoria que ya había consumado.

El 17 de marzo y el 16 de abril tuvieron lugar los primeros combates de las avanzadas de la gran lucha de clases ocultas bajo las alas de la república burguesa.

El 17 de marzo reveló la situación equívoca del proletariado, que no permitía ningún acto decisivo. Su manifestación, en sus orígenes, pretendía reconducir al Gobierno Provisional por el camino de la revolución, lograr, según las circunstancias, la exclusión de sus miembros burgueses y exigir el aplazamiento de la fecha de las elecciones a la Asamblea Nacional y a la guardia nacional. Pero el 16 de marzo la burguesía, representada por la guardia nacional, hizo una manifestación hostil al Gobierno Provisional. Al grito de "¡Abajo Ledru-Rollín!" marchó sobre la Prefectura. Y el 17 de marzo el pueblo se vio obligado a gritar "¡Viva LedruRollin!", "¡Viva el Gobierno Provisional!". Se vio obligado a tomar, frente a la burguesía, el partido de la República burguesa cuya existencia le parecía cuestionada. El pueblo consolidó el gobierno en lugar de derrotarlo. El 17 de marzo dio lugar al melodrama, y cuando el proletariado de París desplegó una vez más, ese día, su gigantesco cuerpo, la burguesía, la que formaba parte y la que no formaba parte del Gobierno Provisional, estaba más que decidida a aplastarlo.

El 16 de abril, el Gobierno Provisional, en connivencia con la burguesía, organizó un motín. Los trabajadores se habían reunido en gran número en el Campo de Marte y en el Hipódromo para preparar las elecciones del estado mayor de la Guardia Nacional. De repente, de un extremo a otro de París, con la rapidez de un relámpago, corrió el rumor de que los obreros estaban reunidos con armas en el Campo de Marte, bajo el mando de Louis Blanc, Blanqui, Cabet y Raspail, para ir a la Prefectura, derrocar al Gobierno provisional y proclamar un gobierno comunista. Se dio la alarma general. Ledru-Rollin, Marrast, Lamartine se disputan más tarde el honor de esta iniciativa: en una hora, cien mil hombres están en armas, la Prefectura ocupada en todos sus puntos por guardias nacionales; en todo París resuenan los gritos de "¡Abajo los comunistas! Abajo Louis Blanc, Blanqui, Raspail,

Cabet!". Un mundo de delegaciones viene a aportar su solidaridad al Gobierno Provisional, todos dispuestos a salvar la patria y la sociedad. Cuando los obreros se presentaron por fin ante la Prefectura para entregar al Gobierno Provisional una colecta patriótica realizada en el Campo de Marte, se asombraron al saber que el París burgués, en un simulacro de combate organizado con toda seriedad, luchaba contra su propia sombra.

El "terrible" atentado del 16 de abril sirvió de pretexto para que el ejército volviera a París -el verdadero objetivo de la burda comedia montada-, además de dar lugar a manifestaciones federalistas reaccionarias en la provincia.

El 4 de mayo se reunió la Asamblea Nacional tras las elecciones generales por sufragio universal directo. El sufragio universal ya no tenía la virtud mágica que le atribuían los antiguos republicanos. En toda Francia, o al menos en la mayor parte de ella, los franceses consideraban que los ciudadanos tenían los mismos intereses, el mismo juicio, etc. Así era su culto al pueblo. Pero en lugar del pueblo imaginario, las elecciones se dirigen con fuerza al pueblo real, es decir, a los representantes de las diferentes clases en que se subdivide. Hemos visto por qué los campesinos y los pequeños burgueses tuvieron que votar bajo el mando de la burguesía totalmente al calor de la lucha y de los grandes terratenientes impacientes por la restauración. Pero si el sufragio universal no era la varita mágica milagrosa con la que los valientes republicanos lo habían tomado, tenía el mérito infinitamente mayor de desencadenar la lucha de clases, de hacer que las diferentes capas medias de la sociedad pequeñoburguesa perdieran rápidamente sus ilusiones y sus decepciones ante las pruebas de la vida, La monarquía, con su sistema de censura, sólo permitía comprometer a ciertas facciones de la burguesía y mantenía a las demás discretamente en las alas, ciñéndolas con el halo de una oposición común.

En la asamblea nacional constituyente que se reunió el 4 de mayo, mandaban los republicanos burgueses, los republicanos del Nacional. Los legitimistas y los orleanistas no se atrevieron a mostrarse primero sino bajo la máscara del republicanismo burgués. Sólo en nombre de la República podía iniciarse la lucha contra el proletariado.

Es el 4 de mayo, y no el 25 de febrero, la fecha de la República, o mejor dicho, la República reconocida por el pueblo francés, y no la República impuesta por el proletariado parisino al Gobierno Provisional, no la República de las instituciones sociales, no la imagen onírica que pasó ante los ojos de los combatientes en las barricadas. La República proclamada por la Asamblea Nacional, la única legítima, es la República que no es un arma revolucionaria contra el orden burgués, que es ante todo la reconstitución política, la consolidación política de la sociedad burguesa; en definitiva, la República burguesa. Esto es lo que se dice alto y claro desde la tribuna de la Asamblea Nacional. Y toda la prensa burguesa, tanto republicana como antirrepublicana, está a coro.

Y vimos cómo la República de Febrero no era en realidad, ni podía serlo, más que una República burguesa; cómo, en cambio, el Gobierno Provisional se vio obligado, por presión directa del proletariado, a proclamarla como una República dotada de instituciones sociales; cómo el proletariado parisino era ya capaz de ir más allá de la República burguesa en otros aspectos que en la idea, en la imaginación; cómo, en todos los lugares en los que pasó a la acción, fue para prestar un servicio a ella, a la República; cómo las promesas que se le habían hecho se convirtieron en un peligro insoportable en la nueva República; y cómo toda la existencia del Gobierno Provisional se redujo a una lucha continua contra las reivindicaciones del proletariado.

En la Asamblea Nacional, fue toda Francia la que se hizo juez del proletariado parisino. Rompió inmediatamente con las ilusiones sociales de la revolución de febrero, proclamó rápidamente la república burguesa y sólo la república burguesa. Inmediatamente excluyó del comité ejecutivo que designaba a los representantes del proletariado: Louis Blanc y Albert. Rechazó la propuesta de un ministerio especial de Trabajo. Recibió con una tormenta de aplausos la declaración del ministro Trelat: "No se trata de otra cosa que de devolver el trabajo a sus antiguas condiciones".

Pero todo esto no fue suficiente. La República de Febrero había sido ganada por los trabajadores con la ayuda pasiva de la burguesía. Los proletarios se consideraban con razón los vencedores de febrero y tenían las arrogantes pretensiones de los vencedores. Era necesario que fueran derrotados en las calles, era necesario demostrarles que sucumbirían en el momento en que lucharan, no con la burguesía, sino contra ella. Así como la República de Febrero, con sus concesiones socialistas, necesitó una batalla del proletariado unido a la burguesía, contra la monarquía, se hizo necesaria una segunda batalla para liberar a la República de sus concesiones socialistas, para poner en evidencia a la República burguesa, para mostrarla oficialmente en el poder. Fue con las armas en la mano que la burguesía debía rechazar las demandas del proletariado. Y la verdadera cuna de la República burguesa no es la victoria de febrero, es la derrota de junio.

El proletariado precipitó la decisión cuando, el 15 de mayo, asaltó la Asamblea Nacional, intentando en vano recuperar su influencia revolucionaria, sin otro resultado que el de llevar a sus decididos dirigentes a las cárceles de la burguesía. "¡Hay que detenerlo!" Con este grito la asamblea nacional dio vía libre a su resolución de obligar al proletariado a un combate decisivo. El Comité Ejecutivo promulgó una serie de decretos provocadores, como la prohibición de las manifestaciones populares, etc. Desde la tribuna de la Asamblea Nacional Constituyente, los trabajadores fueron directamente provocados, vilipendiados, acosados. Pero el punto de ataque, como hemos visto, seguían siendo los talleres nacionales. Con ellos en mente, la Asamblea Constituyente indicó categóricamente al Comité Ejecutivo que sólo debía esperar hasta el momento de escuchar su propio proyecto transformado en orden de la Asamblea Nacional.

El Comité Ejecutivo empezó por dificultar la admisión en los talleres nacionales, por cambiar el salario diario por un salario de producción, por exiliar a Sologne a los trabajadores que no habían nacido en París, con el pretexto de hacerles realizar trabajos de relleno. Estas obras de vertedero no eran en realidad más que una fórmula retórica con la que se preparaba su exilio, tal y como los trabajadores ya desilusionados enseñaban a sus compañeros. Finalmente, el 21 de junio, apareció un decreto en el Moniteur que ordenaba el despido brutal de todos los trabajadores solteros de los talleres nacionales o su alistamiento en el ejército.

Los trabajadores ya no tenían elección: o se morían de hambre o iniciaban la lucha. Respondieron, el 22 de junio, con la formidable insurrección en la que tuvo lugar la primera gran batalla entre las dos clases que dividen la sociedad moderna. Era una lucha por el mantenimiento o el exterminio del orden burgués. El velo que ocultaba a la República se rasgó.

Se sabe que los trabajadores, con un valor y un talento inigualables, sin líderes, sin un plan común, sin recursos, la mayoría sin armas, se enfrentaron al ejército, a la garde mobile, a la guardia nacional que acudió desde la provincia durante cinco días. Se sabe que los burgueses se vengaron de su angustia mortal con una brutalidad asombrosa y masacraron a más de tres mil prisioneros.

Los representantes oficiales de la democracia francesa estaban tan apegados a la ideología republicana que necesitaron varias semanas para empezar a sospechar el significado del combate de junio. Quedaron como idiotizados por la nube de polvo en la que desaparecía su República imaginaria.

En cuanto a la impresión directa que nos produjo la nueva derrota de junio, el lector nos permitirá describirla en los términos de la Norva Gazeta Renana (Neue Rheinische Zeitung):

"El último vestigio oficial de la revolución de febrero, el Comité Ejecutivo, se disipó como un fantasma ante la gravedad de los acontecimientos. Los cohetes luminosos de Lamartine se transformaron en los fuegos incendiarios de Cavaignac. La fraternidad de las clases antagónicas en la que una explota a la otra, esa fraternidad proclamada en febrero, inscrita en grandes letras en la frente de París, en cada prisión, en cada cuartel, su expresión verdadera, auténtica, prosaica, es la guerra civil, la guerra civil en su forma más terrible, la guerra entre el trabajo y el capital. Esta fraternidad brilló en todos los escaparates de París en la tarde del 25 de junio, cuando el París burgués brillaba, mientras el París proletario ardía, sangraba, agonizaba. La fraternidad duró sólo mientras los intereses de la burguesía fueron hermanos de los intereses del proletariado. Pedantes de la vieja tradición revolucionaria de 1793, teóricos socialistas, mendigando el pueblo con la burguesía, y a los que se les permitía predicar largas homilías y comprometerse durante el tiempo necesario para mantener dormido al león proletario; republicanos que reivindicaban todo el viejo orden burgués menos la cabeza coronada; gentes de la oposición dinástica para los que el azar sustituía el derrocamiento de una dinastía por el cambio de un ministerio; legitimistas que no deseaban deshacerse de sus uniformes sino cambiar su corte.... Estos fueron los aliados con los que el pueblo hizo su febrero. La revolución de febrero fue la revolución bonita, la revolución de la simpatía general, porque los antagonismos que entonces parpadeaban contra la realeza dormían, embrionarios, al lado; porque la lucha social que hizo su segundo plano sólo había adquirido una existencia vaporosa, la existencia de la frase, del verbo. La revolución de junio es la revolución odiosa, la revolución repugnante, porque la realidad ha ocupado el lugar del discurso, porque la República ha dejado al descubierto la cabeza del monstruo, derribando la corona que lo protegía y ocultaba. ¡Orden! Este fue el grito de guerra de Guizot. ¡Orden!" gritó Sebastiani, este Guizot en punto menor, cuando Varsovia se volvió rusa. Orden!", gritó Cavaignac, un eco brutal de la Asamblea Nacional francesa y de la burguesía republicana. Orden!" tronó el fuego de las ametralladoras, destrozando el cuerpo del proletariado. Ninguna de las innumerables revoluciones de la burguesía francesa después de 1789 fue un ataque al orden, porque cada una de ellas dejó subsistir la dominación de clase, dejó subsistir la esclavitud obrera, dejó subsistir el orden burgués, cada vez que se modificaba la forma política de esa dominación y de esa esclavitud. El mes de junio vino a causar daños a este orden. ¡Maldito sea junio! "(Neue Rheinische Zeitung, 29 de junio de 1848).

¡Maldito sea junio! repite el eco de Francia.

Fue la burguesía la que llevó al proletariado al levantamiento de junio. De ahí su condena. El Partido Bolchevique, que era el Partido Bolchevique del proletariado, era el Partido del proletariado, el Partido del proletariado, el Partido del proletariado, el Partido del proletariado. El Moniteur tuvo que enseñarle oficialmente que los tiempos ya no eran los que la República creía que eran, para rendirle pleitesía a sus ilusiones; sólo la derrota le persuadió de esta verdad de que la más mínima mejora de su situación seguía siendo una utopía dentro de la República burguesa, una utopía que se convierte en un crimen en el momento en que quiere hacerse realidad. Sus reivindicaciones, excesivas en la forma, pueriles en el contenido -y por eso mismo todavía burguesas- con las que quería arrancar el permiso para la revolución de febrero, fueron sustituidas por la audaz consigna de la lucha revolucionaria: ¡Derrocamiento de la burguesía! ¡Dictadura de la clase obrera!

Haciendo de su tumba la cuna de la república burguesa, el proletariado obligó a esta misma república burguesa a aparecer inmediatamente en su forma pura como el Estado cuyo objetivo declarado es eternizar la denominación del capital, la esclavitud del trabajo. Los ojos siempre fijos en el enemigo cicatrizado, implacable e invencible -porque su existencia, para él, es la condición de su propia vida, para ella- la dominación burguesa, liberada de cualquier obstáculo, debía transformarse inmediatamente en terrorismo burgués. Una vez eliminado el proletariado de la escena, y reconocida oficialmente la dictadura de la burguesía, las capas medias de la sociedad burguesa, la pequeña burguesía y la clase campesina, a medida que su situación se hacía más insoportable y su oposición a la burguesía más dura, se aliarían cada vez más con el proletariado. La causa de su miseria la habían encontrado en su progreso; ahora iban a encontrarla en su caída.

Cuando la insurrección de junio reforzó, en todo el continente, la seguridad de la burguesía y la llevó a aliarse abiertamente con la realeza feudal contra el pueblo, ¿quién fue la primera víctima de esta unión? La propia burguesía continental. La derrota de junio le impidió asegurar su dominio y hacer que el pueblo se detuviera, medio satisfecho, medio descontento, en el nivel más bajo de la revolución burguesa.

Finalmente, la derrota de junio reveló a las potencias despóticas de Europa un secreto: Francia debía, cueste lo que cueste, mantener la paz en el exterior para poder continuar la guerra civil en el interior. Así, los pueblos que habían iniciado la lucha por su independencia nacional fueron entregados a la supremacía de Rusia, Austria y Prusia, pero, al mismo tiempo, estas revoluciones nacionales cuyo destino estaba subordinado al de la revolución proletaria fueron privadas de su aparente autonomía, de su independencia frente a la gran subversión social. El húngaro no debe ser libre, ni el polaco, ni el italiano, mientras el trabajador siga siendo esclavo.

Por último, las victorias de la Santa Alianza han dado a Europa una forma tal que cualquier nuevo levantamiento proletario en Francia será inmediatamente la señal de una guerra mundial. La nueva revolución francesa pronto se vería obligada a abandonar el terreno nacional y a conquistar el terreno europeo, el único terreno al que podía llevar la revolución social del siglo XIX. Así, sólo con la derrota de junio se crearon las condiciones que permitieron a Francia tomar la iniciativa en la revolución europea. Sólo bañada en la sangre de los insurrectos de junio, la bandera tricolor se convirtió en la bandera de la revolución europea, la bandera roja.

Y gritamos: ¡La revolución ha muerto! ¡Viva la revolución!

CAPÍTULO II: DE JUNIO DE 1848 AL 13 DE JUNIO DE 1849

El 25 de febrero de 1848 dio a Francia la República, el 25 de junio impuso la revolución. Después de junio, la revolución significaba el derrocamiento de la sociedad burguesa, mientras que antes de febrero la palabra había significado el derrocamiento de la forma del Estado.

La lucha de junio había sido dirigida por la fracción republicana de la burguesía; con la victoria, el poder del Estado les fue necesariamente devuelto. El estado de sitio puso a París a sus pies, sin resistencia, y en las provincias reinó un estado de sitio moral, la arrogancia de la victoria se llenó de amenazante brutalidad y el amor fanático a la propiedad se desató entre los campesinos. ¡Peligro a la vista!

Además del poder revolucionario de los obreros, se derrumbó la influencia política de los republicanos demócratas, o mejor dicho, de los republicanos en el sentido pequeñoburgués, representados en el Comité Ejecutivo por Ledru-Rollin, en la Asamblea Nacional Constituyente por el partido de La Mantagne, en la prensa por La Réjorme. De acuerdo con los republicanos burgueses, el 16 de abril habían conspirado contra el proletariado; durante las jornadas de junio habían luchado juntos. Así, ellos mismos estaban destruyendo el fondo sobre el que su partido se perfilaba como fuerza, porque la pequeña burguesía sólo puede mantener una posición revolucionaria frente a la burguesía cuando tiene al proletariado detrás. Fueron despedidos. El simulacro de alianza, hecho con ellos a regañadientes, de forma encubierta, en la época del Gobierno Provisional y del Comité Ejecutivo, fue roto públicamente por los republicanos burgueses.

Despreciados y repelidos como aliados, fueron reducidos al nivel de meros satélites de los republicanos tricolores de los que no podían extraer ninguna concesión, pero cuya dominación eran alentados a apoyar cada vez que esta dominación, y con ella la propia República, parecía ser cuestionada por las facciones antirrepublicanas de la burguesía. Estas facciones, finalmente, los orleanistas y los legitimistas, estuvieron desde el principio en minoría en la Asamblea Nacional Constituyente. Antes de las jornadas de junio no se habían atrevido a reaccionar por su cuenta, salvo bajo la máscara del republicanismo burgués. La victoria de junio hizo que Cavaignac fuera aclamado durante un tiempo como el salvador de toda la Francia burguesa, y cuando, inmediatamente después de las jornadas de junio, el partido antirrepublicano recuperó su independencia, la dictadura militar y el estado de sitio de París no le permitieron extender sus antenas más que muy tímida y cautelosamente.

Desde 1830, la fracción republicana de la burguesía, sus escritores, sus portavoces, sus "capacidades", sus diputados, generales, banqueros y abogados, se habían unido en torno a un periódico de París, el National, que tenía ediciones secundarias en la provincia. El grupo nacional era la dinastía de la república tricolor. Se apoderó inmediatamente de todas las funciones públicas, de los ministerios, de la Junta General de Policía, de las alcaldías, de los más altos cargos vacantes en el ejército. A la cabeza del poder ejecutivo estaba su general, Cavaignac. Su redactor jefe, Marrast, se convirtió en el presidente permanente de la asamblea nacional constituyente. Al mismo tiempo, en sus salones, maestro de ceremonias, hizo los honores de la República legal.

Incluso los escritores revolucionarios franceses, por una

especie de timidez ante la tradición republicana, dieron crédito al error de que los monárquicos habían predominado en la Asamblea Nacional Constituyente. Después de las jornadas de junio, por el contrario, la Asamblea Constituyente se convirtió en la representación exclusiva del republicanismo burgués, y este aspecto se fue afianzando a medida que se desmoronaba la influencia de los republicanos tricolores fuera de la Asamblea. Se trataba de defender la forma de la república burguesa, tenían los votos de los republicanos democráticos; se trataba de su contenido, su misma forma de hablar ya no los distinguía de las fracciones monárquicas burguesas, porque son precisamente los intereses de la burguesía, las condiciones materiales de su dominación y de su explotación de clase los que forman el contenido de la república burguesa.

No era la monarquía, por tanto, sino el republicanismo lo que se estaba realizando en la vida y los actos de aquella Asamblea constituyente que terminó, no muriendo o siendo asesinada, sino empezando a pudrirse.

Durante todo el período de su dominación, mientras representaba en el escenario el morceau de bravoure del galán, en el fondo se producía un holocausto ininterrumpido: condenas en serie, bajo la ley marcial, de los insurgentes de junio hechos prisioneros o su deportación sin juicio. La Asamblea Constituyente tuvo el tacto de reconocer que los insurgentes de junio no eran los criminales que estaba juzgando, sino los enemigos que estaba aplastando.

El primer acto de la Asamblea Nacional Constituyente fue la creación de una comisión de investigación sobre los acontecimientos de junio y del 15 de mayo y sobre la participación de los dirigentes de los partidos socialista y democrático en esos días. La investigación se dirigió, directamente, contra Louis Blanc, Ledru-Rollin y Caussidiére. Los republicanos burgueses ardían de impaciencia por deshacerse de estos rivales. No podían confiar la ejecución de su venganza a nadie más cualificado que Monsieur

Odilon Barrot, antiguo líder de la oposición dinástica, el liberalismo en forma de hombre, la "grave nulidad", la mediocridad innata; no sólo tenía una dinastía que vengar, sino facturas que exigir a los revolucionarios por una presidencia de ministerio perdida, garantía segura de su inflexibilidad. Fue entonces este Barrot quien fue nombrado presidente de la comisión de investigación, y formó pieza a pieza, contra la revolución de febrero, un proceso completo que puede resumirse así: 17 de marzo, manifestación; 16 de abril, complot; 15 de mayo, atentado; 23 de junio, ¡guerra civil! ¿Por qué no extendió sus sabias investigaciones hasta el 24 de febrero? El Journal de débats dio la respuesta: ¡el 24 de febrero fue la "fundación de Roma"! El origen de los Estados se pierde en un mito que se cree sin discusión. Louis Blanc y Caussidière fueron entregados a la justicia. La Asamblea Nacional estaba consumando su propia purificación, iniciada por ella el 15 de mayo.

El proyecto de impuesto sobre el capital, concebido por el Gobierno Provisional y retomado por Goudchaux -en forma de impuesto hipotecario- fue rechazado por la Asamblea Constituyente; la ley que limitaba la jornada laboral a diez horas fue derogada, se restableció la prisión por deudas. La mayoría de la población francesa, los que no sabían leer ni escribir, fueron excluidos del jurado. ¿Por qué no también el derecho al voto? Se restableció el vínculo de los periódicos y se restringió el derecho de asociación.

Pero en su prisa por devolver a las viejas relaciones burguesas las antiguas garantías, y por hacer desaparecer todas las huellas dejadas por las oleadas revolucionarias, los republicanos burgueses tropezaron con una resistencia cuya amenaza constituía un peligro inesperado.

Nadie, en los días de junio, había luchado con más fanatismo por la salvaguarda de la propiedad y el restablecimiento del crédito que los pequeños burgueses parisinos, propietarios de cafés, restaurantes, comerciantes de vino, pequeños comerciantes, artesanos, etc. Reuniendo todas sus fuerzas, la tienda había marchado contra la barricada para restablecer la circulación que llevaba de la calle a la tienda. Pero detrás de la barricada estaban los clientes y los deudores; ante ella, los acreedores de la tienda. Y cuando las barricadas fueron derribadas y los obreros aplastados, cuando los guardianes de los polvorines, en la borrachera de la victoria, se precipitaron de nuevo a sus tiendas, encontraron sus entradas vedadas por un salvador de la propiedad, un agente de crédito oficial que les presentó sus títulos conminatorios: letra vencida, plazo vencido, pagaré vencido, tienda vencida, tendero vencido.

Salvaguardar la propiedad! Pero la casa en la que vivían no era de su propiedad, la tienda que tenían no era de su propiedad, los bienes que vendían no eran de su propiedad. Ni su oficio, ni el plato en el que comían, ni la cama en la que dormían les pertenecían. Precisamente, se trataba de salvar esta propiedad, en beneficio del propietario que había alquilado la casa, del banquero que había descontado las facturas, del capitalista que había hecho los anticipos en efectivo, del fabricante que había confiado a estos tenderos las mercancías a vender, del gran comerciante que había dado a estos artesanos el crédito para las materias primas. Restablecimiento del crédito Pero una vez consolidado, el crédito se mostró como un dios activo y celoso, precisamente arrojando fuera de sus cuatro paredes al deudor insolvente con su mujer e hijos, entregando su pretendida fortuna al capital, y llevando a la cárcel por deudas al que se había levantado de nuevo, amenazadoramente, sobre los cadáveres de los insurrectos de junio.

Los pequeños burgueses se dieron cuenta, aterrorizados, de que se habían entregado sin resistencia en manos de sus acreedores al aplastar a los trabajadores. La burguesía, que era crónica desde febrero y que aparentemente había sido ignorada, fue declarada pública después de junio.

Les habían dejado su propiedad nominal justo en el momento de ser arrojados al campo de batalla en nombre de la propiedad. Ahora que el gran asunto del proletariado ha sido resuelto, se puede igualmente resolver, a su vez, la pequeña cuenta del tendero. En París, el total de títulos vencidos ascendía a más de veintiún millones de francos; en las provincias, a más de once millones. Los titulares de los contratos de arrendamiento comercial de más de siete mil viviendas parisinas no habían pagado sus alquileres después de febrero.

Si la Asamblea Nacional había realizado una investigación sobre la deuda política que se remontaba a febrero, los pequeñoburgueses pedían ahora, por su parte, una investigación sobre las deudas civiles hasta el 24 de febrero. Se concentraron en masa en el vestíbulo de la Bolsa, y para todo comerciante que pudiera demostrar que no había quebrado por otra razón que no fuera la de la interrupción de los negocios, causada por la revolución de febrero, y que sus negocios iban bien el 24 de febrero, exigieron con amenazas una prórroga de sus vencimientos por sentencia del tribunal de comercio y la obligación de liquidar su crédito a un interés moderado. La Asamblea nacional debatió esta cuestión e hizo un proyecto de ley, en forma de concordato amistoso. La Asamblea vaciló cuando se enteró de repente de que en ese mismo instante, en la puerta de Saint-Denis, miles de esposas e hijos de los insurgentes preparaban una petición a favor de la amnistía.

Los bolcheviques y los socialistas-revolucionarios tuvieron mucho que ver con el Partido Bolchevique. El Partido Bolchevique, que era el principal partido del Partido Bolchevique, era el principal partido del Partido Bolchevique.

Después de que los representantes republicanos de la burguesía, en el seno de la Asamblea, repelieran a los representantes democráticos de la pequeña burguesía, esta ruptura parlamentaria adquirió su verdadero sentido económico burgués por el hecho de que los deudores pequeñoburgueses fueron entregados a los acreedores burgueses. Una gran parte de los primeros se arruinó por completo; en cuanto a los demás, sólo se les permitió continuar con su comercio en condiciones que los convertían en siervos dependientes del capital. El 22 de octubre de 1848, la Asamblea Nacional rechazó los concordatos amistosos; el 19 de septiembre de 1848, en estado de sitio, el príncipe Luis Bonaparte y el detenido de Vincennes, el comunista Raspail, fueron elegidos representantes de París. En cuanto a la burguesía, eligió al banquero judío y orleanista Fould. Así, desde todos los flancos y al mismo tiempo, hubo una declaración pública de guerra a la Asamblea Nacional Constituyente, al republicanismo burgués, a Cavaignac.

Los bolcheviques y el Partido Socialista-Revolucionario, que era el Partido Bolchevique del Partido Bolchevique, estaban en estado de lucha revolucionaria contra el gobierno zarista. Sin embargo, el déficit público se incrementó aún más por los gastos ocasionados por la insurrección de junio y porque los ingresos del Estado se redujeron constantemente por la interrupción de la producción, la reducción del consumo y las restricciones a las importaciones. Los bolcheviques y la Asamblea Nacional no podían recurrir a otro medio que un nuevo préstamo, que los colocaba aún más bajo el yugo de la aristocracia financiera.

Si los pequeños burgueses habían cosechado como frutos de la victoria de junio la quiebra y la liquidación judicial, en cambio, los jenízaros de Cavaignac, los gardes mobiles, tuvieron su recompensa en los dulces brazos de las rameras, y los "jóvenes salvadores de la sociedad" recibieron homenajes de todo tipo en los salones de Marrast, el caballero de las tricolores que representaba el doble papel de anfitrión y juglar de la República legal. Sin embargo, las preferencias de la sociedad por los gardes mobiles y su sueldo incomparablemente más alto exasperaron al ejército, al mismo tiempo que florecieron todas las ilusiones nacionales por las que el republicanismo burgués, con su periódico Le National había sabido captar bajo Louis-Filipe a una parte del ejército y de la clase campesina. El papel de mediador representado por Cavaignac y la Asamblea Nacional en el norte de Italia para entregarla a Austria de acuerdo con Inglaterra, este único momento de poder anuló dieciocho años de oposición de los nacionales.

Ningún gobierno fue menos nacional que el de la Nacional, más dependiente de Inglaterra, mientras que bajo Luis Felipe vivía de la paráfrasis diaria del lema de Catón, Carthaginem esse delendam; ningún otro más servil ante la Santa Alianza, mientras que a un Guizot le había pedido que rompiera los tratados de Viena. La ironía de la historia hizo que Bastide, antiguo redactor de política exterior del National, se convirtiera en Ministro de Asuntos Exteriores de Francia, por lo que desmintió cada uno de sus artículos con cada uno de sus despachos.

Por un momento, el ejército y la clase campesina habían creído que la dictadura militar pondría en la agenda francesa la guerra con el extranjero y la "gloria" al mismo tiempo. Pero Cavaignac no fue la dictadura del sable sobre la sociedad burguesa, silenció la dictadura de la burguesía por el sable. Y en materia de soldadesca, por el momento le bastaba con el gendarme. Cavaignac escondía bajo los severos trazos de resignación antirrepublicana el deprimido servilismo a las humillantes condiciones de su cargo burgués. El dinero no tiene dueño. Al igual que la Asamblea Constituyente, idealizó este viejo estribillo del tercer estado transponiéndolo al lenguaje político: la burguesía no tiene rey, la verdadera forma de su dominación es la República.

La "gran obra orgánica" de la Asamblea Nacional Constituyente era elaborar una Constitución republicana. Cambiar los nombres del calendario cristiano para transformarlo en un calendario republicano, cambiar a San Bartolomé por San Robespierre cambia el tiempo o el viento tanto como esta Constitución modificó o debía modificar la sociedad burguesa. Cuando fue más allá del mero cambio de costumbres, fue para legalizar hechos ya existentes. De este modo, registró solemnemente la existencia de la República, la existencia del sufragio universal, la existencia de una única Asamblea nacional soberana en lugar de dos Cámaras constitucionales con poderes limitados. Fue así como registró y regularizó la dictadura de Cavaignac, sustituyendo la establecida e irresponsable realeza hereditaria por una legalidad electiva, móvil y responsable, una presidencia de cuatro años.

Fue así como incluso convirtió en ley constitucional los poderes extraordinarios con los que la Asamblea nacional había dotado, como precaución, a su presidente después de los horrores del 15 de mayo y del 25 de junio, en interés de su propia seguridad. El resto de la Constitución era un caso de terminología. Se arrancaron las etiquetas monárquicas de los paquetes de la antigua realeza y se pegaron las republicanas. Marrast, antiguo redactor jefe del National, ahora convertido en redactor jefe del Constitution, realizó, no sin talento, esta erudita tarea.

La Asamblea Constituyente se parecía a aquel funcionario chileno que quería terminar los informes de la propiedad con la regulación del catastro en el mismo momento en que los sonidos subterráneos anunciaban la erupción volcánica que proyectaría el suelo bajo sus pies en la distancia. Mientras que en teoría marcaba en el compás las formas en las que se expresaba republicanamente la dominación de la burguesía, en realidad sólo se mantenía por la abolición de todas las fórmulas, por la fuerza sin palabras, por el estado de sitio. Dos días antes de comenzar su labor constitucional, proclamó su prolongación. Hasta entonces, las constituciones se hacían y adoptaban tan pronto como el proceso de agitación social había llegado a un punto de estancamiento, tan pronto como las relaciones recién formadas entre las clases se habían consolidado, tan pronto como las fracciones rivales de la clase dominante habían llegado a un acuerdo que les permitiera continuar la lucha entre ellas mientras excluían de ella a la masa del pueblo debilitado. Esta Constitución, por el contrario, no sancionó ninguna revolución social, sancionó la victoria momentánea de la vieja sociedad sobre la revolución.

En el primer borrador de la Constitución, redactado antes de las jornadas de junio, figuraba todavía el "derecho al trabajo", primera fórmula torpe que resumía las reivindicaciones revolucionarias del proletariado. El derecho se ha transformado en asistencia: ¿qué Estado moderno no apoya a sus indigentes de una forma u otra? El derecho al trabajo es, en el sentido burgués, una tontería, un deseo vano, digno de lástima; pero detrás del derecho al trabajo está el poder sobre el capital, la apropiación de los medios de producción, su subordinación a la clase obrera asociada, es decir, la supresión del asalariado, del capital y sus relaciones recíprocas, Detrás del "derecho al trabajo" estaba la insurrección de junio. Esta Asamblea Constituyente, que en efecto colocó al proletario revolucionario al margen de la ley, se vio obligada a rechazar por principio una fórmula de la Constitución, la ley de leyes, para lanzar su anatema sobre el "derecho al trabajo". No se quedó en eso. Al igual que Platón desterró a los poetas de su República, ella desterró el impuesto progresivo de la suya para siempre. Ahora bien, el impuesto progresivo no es sólo una medida burguesa realizable dentro de las relaciones de producción existentes a escala más o menos amplia; es también la única manera de vincular a las capas medias de la sociedad burguesa a la República "legal", de reducir la deuda pública y de hacer fracasar a la mayoría antirrepublicana de la burguesía.

Con motivo de los concordatos amistosos, los republicanos tricolores habían sacrificado a la pequeña burguesía a su antojo. Elevaron este hecho aislado a la altura de un principio al prohibir legalmente el impuesto progresivo. Colocaron en el mismo plano la reforma burguesa y la revolución proletaria. Pero, ¿qué clase quedó como pilar de esta República? La gran burguesía. Y si explotó a los republicanos del Nacional para consolidar las viejas condiciones de la vida económica, pensó por otro lado en explotar las condiciones sociales reforzadas para restaurar las formas políticas que le convenían. Desde principios de octubre, Cavaignac se vio obligado a hacer ministros de la República a Dufaure y Vivien, antiguos ministros de Luis Felipe, a pesar del rencor y el clamor de los puritanos descerebrados de su propio partido.

Mientras la Constitución tricolor rechazaba todo compromiso con la pequeña burguesía y no sabía cómo incorporar ningún elemento nuevo de la sociedad a la nueva forma de Estado, se apresuraba, por otra parte, a llevar su tradicional inviolabilidad hasta un punto en el que el viejo Estado encontraba sus más ardientes y fanáticos defensores: elevaba la inamovilidad de sus jueces, puesta en duda por el Gobierno Provisional, al nivel de derecho constitucional. El rey al que había destronado resucitaba por cientos en estos inquisidores inamovibles de la legalidad.

La prensa francesa ha discutido mucho sobre las contradicciones de la constitución de Monsieur Marrast; por ejemplo, la yuxtaposición de dos soberanos, la asamblea nacional y el presidente, etc. etc.

La principal contradicción de esta Constitución, pues, consiste en lo siguiente: las clases cuya esclavitud social perpetuó -proletariado, campesinos, pequeños burgueses- recibieron de ella el poder político con sufragio universal; y a la burguesía, cuyo antiguo poder social sancionó, le retiró las garantías políticas de dicho poder. Ella estrecha su dominio político en condiciones democráticas que en todo momento ayudan a las clases enemigas a obtener la victoria y que ponen en cuestión los fundamentos mismos de la sociedad burguesa. El Partido Bolchevique, que es el Partido Bolchevique del Partido Bolchevique, es el Partido del proletariado, el Partido del proletariado, el Partido del proletariado, el Partido del proletariado.

Estas contradicciones importaban poco a los republicanos burgueses. Como dejaron de ser indispensables (y sólo lo eran como campeones de la vieja sociedad contra el proletariado revolucionario), a las pocas semanas de su victoria cayeron del nivel de partido al de "pequeña iglesia". En cuanto a la Constitución, la trataron como una gran maniobra. Lo que había que constituir en ella era, sobre todo, el dominio de la "pequeña iglesia". El Presidente debía ampliar en su persona los poderes de Cavaignac, y la Asamblea Legislativa debía ampliar los de la Constitución. Esperaban reducir el poder político de las masas a un remedo de poder y pensaban que podían jugar con esta apariencia de poder lo suficiente como para plantear sobre las cabezas de la mayoría burguesa el dilema de las jornadas de junio: o el reinado del Nacional o el reinado de la anarquía.

Los trabajos constitucionales que habían comenzado el 4

de septiembre finalizaron el 23 de octubre. El 2 de septiembre, la Asamblea Constituyente había decidido no disolverse hasta promulgar las leyes orgánicas que completaban la Constitución. Sin embargo, decidió poner en el mundo su propia creación, el presidente, el 10 de diciembre, mucho antes del final de su período de actividad. Así se aseguraría de saludar en el homúnculo de la Constitución al hijo de su madre. Como precaución, se dispuso que si ninguno de los candidatos obtenía dos millones de votos, la elección pasaría de la nación a la Asamblea Constituyente.

Precauciones inútiles. El primer día de la entrada en vigor de la Constitución fue el último día de la Asamblea Constituyente. Buscaba al "hijo de su madre" y encontró al "sobrino de su tío". Saúl Cavaignac había sido derrotado seis veces.

El 10 de diciembre de 1848 fue el día de la revuelta campesina. Sólo ese día tuvo lugar el febrero de los campesinos franceses. El símbolo que expresaba su entrada en el movimiento revolucionario, torpe y astuto, villano ingenuo, tosco y sublime, una superstición calculada, el burlesco patético, un anacronismo genial y estúpido, el embaucador de la historia del mundo, un jeroglífico indescifrable por la razón; simbolizaba hasta la confusión la fisonomía de la clase que representa la barbarie en el seno de la civilización. La República se había anunciado a esa clase por el portero; se anunció a la República por el Emperador. Napoleón era el único hombre que representaba realmente los intereses, y la imaginación, de la nueva clase campesina que 1789 había creado. Al escribir su nombre en la fachada de la República, declaraba la guerra al extranjero y afirmaba sus intereses de clase al interior. Napoleón no era un hombre para los campesinos, sino un programa. Fue con banderas y al son de la música que acudieron a las urnas, al grito de "¡No más impuestos, abajo los ricos, abajo la República, viva el emperador!". Detrás del emperador se escondía la jacquerie. La República que estaban derrotando con sus votos era la República de los ricos.

El 10 de diciembre fue el golpe de estado de los campesinos que derrocaron al gobierno existente. Y desde aquel día en que sorprendieron y dieron un gobierno a Francia, sus ojos se fijaron obstinadamente en París. Por un momento héroes activos del drama revolucionario, ya no podían ser relegados al papel pasivo y servil de miembros del coro.

Las demás clases contribuyeron a completar la victoria electoral del campesinado. La elección de Napoleón fue para el proletariado el derrocamiento de Cavaignac, la caída de la Asamblea Constituyente, la renuncia de los republicanos burgueses. Para la pequeña burguesía, Napoleón era la supremacía del deudor sobre el acreedor. Para la mayoría de la gran burguesía la elección de Napoleón fue la ruptura abierta con la fracción que había tenido que servirse durante un tiempo, pero que se había vuelto insoportable desde que intentó hacer de su posición momentánea una posición constitucional. Napoleón en lugar de Cavaignac era la monarquía en lugar de la República, el inicio de la restauración monárquica, el dOrléans al que se hacían tímidas alusiones, la flor de lis escondida bajo la violeta. El ejército, finalmente, votó por Napoleón contra la garde mobile, contra el idilio de la paz, por la guerra.

Así sucedió, como dijo el Neue Rheinische Zeitung, que el hombre más sencillo de Francia adquirió la importancia más compleja. Precisamente porque no era nada podía simbolizarlo todo, excepto a sí mismo. Sin embargo, por muy diferente que fuera el significado del nombre de Napoleón en boca de las distintas clases, cada una de ellas escribió con su nombre en su papeleta: "¡Abajo el partido de los nacionales, abajo Cavaignac, abajo la Constituyente, abajo la República, burgueses!" El ministro Dufaure declaró públicamente ante la Asamblea Constituyente: "El 10 de diciembre es un segundo 24 de febrero".

La pequeña burguesía y el proletariado habían votado "en bloque" a favor de Napoleón, para votar contra Cavaignac y arrancar a la Asamblea Constituyente la decisión final de la unión de sus sufragios. Sin embargo, la parte más avanzada de estas dos clases presentó sus propios candidatos. Napoleón era el nombre común de todos los partidos coaligados contra la República burguesa. Ledru-Rollin y Raspail eran los nombres naturales, el primero de la pequeña burguesía democrática, el segundo del proletariado revolucionario. Los votos por Raspail -los proletarios y sus portavoces lo declararon alto y claro- debían ser una simple manifestación: tanto de protesta contra cualquier presidencia, es decir, contra la propia Constitución, como de votos contra Ledru-Rollin, el primer acto por el que el proletariado se desprendía, como partido político independiente, del Partido Demócrata. Este partido, en cambio -la pequeña burguesía democrática y su representación parlamentaria, La Montagne- trató la candidatura de Ledru-Rollin con toda la seriedad, toda la solemnidad que solía emplear para engañarse a sí mismo. Este fue, además, su último intento de imponerse ante el proletariado como un partido independiente. No sólo el partido republicano burgués, sino el partido democrático pequeñoburgués y su Montagne, fueron derrotados el 10 de diciembre.

Francia tenía ahora, junto a un Montagne, un Napoleón. Demostró que ambos no eran más que una caricatura sin vida de las grandes realidades cuyos nombres llevaban. Luis-Napoleón con el sombrero de emperador y el águila, parodiaba tan miserablemente al viejo Napoleón como La Montagne, con sus frases prestadas de 1793 y sus posturas demagógicas, parodiaba al viejo Montagne. Así, la superstición tradicional con respecto a 1793 fue destruida al mismo tiempo que la relativa a Napoleón. La revolución sólo llegó a tener una personalidad propia después de haber ganado un nombre original; y sólo pudo hacerlo después de haber traído al primer plano, imperiosamente, a la clase revolucionaria moderna, el proletariado industrial. Se podría decir que el 10 de diciembre ya desconcertó a La Montagne y le hizo dudar de su propia cordura, porque rompió, al reírse de una mediocre farsa campesina, la clásica analogía con la antigua revolución. El 20 de diciembre, Cavaignac abandona sus funciones y la Asamblea Constituyente proclama a Luis Napoleón presidente de la República. El 19 de diciembre, último día de su omnipotencia, la Asamblea rechazó la propuesta de amnistía a favor de los insurgentes de junio. Desaprobar el decreto del 27 de junio, por el que se había condenado a quince mil insurrectos a la deportación, haciendo caso omiso de toda la sentencia judicial, ¿no era desaprobar la propia batalla de junio?

Odilon Barrot, el último ministro de Luis Felipe, fue el primer ministro de Luis Napoleón. Al igual que Luis Napoleón no consideraba el 10 de diciembre como el día de su poder, sino el senatus consulte de 1806, encontró un presidente del Consejo que no consideraba el 20 de diciembre como la fecha de su ministerio, sino el decreto real del 24 de febrero. Como heredero legítimo de Luis Felipe, Luis Napoleón mitigó el cambio de gobierno conservando el antiguo ministerio que, además, no había tenido tiempo de desgastarse, pues no había tenido tiempo de nacer.

Los líderes de las fracciones monárquicas burguesas aconsejaron a Luis Napoleón que adoptara esa actitud. La dirección de la vieja oposición dinástica, que había hecho inconscientemente la transición hacia los republicanos de la Nacional, estaba aún más capacitada para formar, con plena conciencia, la transición de la república burguesa hacia la monarquía.

Odilon Barrot era el líder del único antiguo partido de la oposición que aún no se había desgastado en la siempre vana lucha por un título ministerial. En rápida sucesión, la revolución proyectó a todos los viejos partidos de la oposición a la cúspide del Estado, de modo que se vieron obligados a negar y renegar, no sólo en los hechos sino incluso en las palabras, de sus antiguas formulaciones y, reunidos en una repugnante mezcla, fueron finalmente arrojados al basurero de la historia. Y no se salvó de la apostasía este Barrot, esta personificación del liberalismo burgués que, durante dieciocho años, había ocultado el miserable vacío de su espíritu tras actitudes de simulada gravedad. Si, en ciertos momentos, el contraste demasiado chocante entre las espinas del presente y los laureles del pasado le asustaba, una mirada al espejo le devolvía la postura ministerial y la admiración bastante humana por su propia persona. Lo que se reflejaba en el espejo era Guizot, al que siempre había envidiado y que siempre le había dominado, el propio Guizot, con la frente olímpica de Odilon. Lo que no vio fueron las orejas de Midas.

El Barrot del 24 de febrero no se reveló hasta el Barrot del 20 de diciembre. Él, el orleanista, el voltaireano, eligió como sacerdote del culto al jesuita legitimista Falloux.

Unos días más tarde, el Ministerio del Interior fue confiado a Léon Faucher, un economista malthusiano. ¡La ley, la religión, la economía política! El ministerio de Barrot contenía todo esto y era también una unión de los legitimistas y los orleanistas. Sólo les faltaban los bonapartistas, Bonaparte seguía disimulando su deseo de ser Napoleón, pues Soulouque aún no hacía el papel de Les Toussaint Louverture.

Apenas el partido del Nacional abandonó todos los altos cargos a los que se había aferrado -Dirección General de Policía, Dirección de Correos, Procurador General, Prefectura de París-, todos esos puestos fueron ocupados por antiguas criaturas de la monarquía. Changarnier, el legitimista, recibió el mando superior de la guardia nacional del departamento del Sena, de la garde mobile y de las tropas de línea de la primera división. Bugeaud, el orleanista, fue nombrado comandante en jefe del ejército de los Alpes. Estos cambios de funcionarios continuaron ininterrumpidamente bajo el mandato de Barrot. El primer acto de su ministerio fue la restauración de la antigua administración monárquica. En un abrir y cerrar de ojos, la escena oficial se transformó: los bastidores, la vestimenta, el lenguaje, los actores, los extras, los compinches, el "punto", la posición de las Partes, el tema del drama, el contenido del conflicto, toda la situación. Sólo la prehistórica Asamblea Constituyente permaneció en el mismo lugar. Pero desde el momento en que la Asamblea Nacional había instalado a Bonaparte, cuando Bonaparte había instalado a Barrot, cuando Barrot había instalado a Changarnier, Francia salía del periodo de la constitución de la República para entrar en el periodo de la República constituida. Y en la República constituida ¿qué tenía que hacer una Asamblea constituyente? Una vez creada la tierra, a su creador sólo le quedaba refugiarse en el cielo, La Asamblea constituyente estaba dispuesta a no seguir su ejemplo: la Asamblea nacional era el último refugio del partido de los republicanos burgueses. Si todos los puestos de mando del poder ejecutivo se le habían escapado, ¿no le quedaba la omnipotencia constitutiva? Mantenerse a cualquier precio en el puesto soberano que ocupaba y desde allí recuperar el terreno perdido era su primer pensamiento. Una vez sustituido el ministerio de Barrot por un ministerio de la Nación, el personal real se vería obligado a abandonar de inmediato el palacio de la administración, y el personal tricolor entraría allí triunfante. La Asamblea Nacional decidió derrocar el ministerio, y el propio ministerio proporcionó tal ocasión de ataque que ni siquiera la Constituyente pudo imaginar nada más oportuno.

Se recuerda que para los campesinos Bonaparte significaba "¡No más impuestos!" Llevaba ya seis días instalado en su sillón presidencial cuando, al séptimo día, el 27 de diciembre, su ministerio propuso mantener el impuesto sobre la sal, cuya supresión había decretado el Gobierno Provisional. El impuesto sobre la sal comparte con el impuesto sobre el licor el privilegio de ser el chivo expiatorio del antiguo sistema financiero francés, sobre todo a los ojos de la gente del campo. El ministerio de Barrot no podía poner en boca de los elegidos de los campesinos un epigrama más sarcástico para sus votantes que estas palabras: ¡restablecimiento del impuesto sobre la sal! Con el impuesto sobre la sal, Bonaparte perdía su sal revolucionaria, el Napoleón de la insurrección campesina se disipaba como una nube y sólo quedaba el gran desconocido de la intriga monárquica burguesa. Y no fue sin intención que el ministerio Barrot hiciera de este acto de grosera y brutal desilusión el primer acto de gobierno del Presidente.

Por su parte, la Asamblea Constituyente aprovechó con entusiasmo la doble oportunidad de derrocar al Ministerio e imponerse ante los campesinos elegidos como defensora de los intereses campesinos. Rechazó la propuesta del ministro de Hacienda, redujo el impuesto sobre la sal a un tercio de su importe anterior, aumentando así en sesenta millones un déficit público de quinientos sesenta millones, y esperó tranquilamente, tras este voto de censura, la retirada del ministerio. Qué poco comprendía el nuevo mundo que la rodeaba y el cambio que se había producido en su propia posición! Detrás del Ministerio estaba el Presidente, y detrás del Presidente había seis millones de ciudadanos que habían emitido el mismo número de votos de desconfianza en la Asamblea Constituyente. La Constituyente devolvería a la nación su voto de censura. ¡Intercambio ridículo! Había olvidado que sus votos habían perdido su valor. El rechazo del impuesto sobre la sal no hizo más que madurar la decisión de Bonaparte y su ministerio de "acabar" con la Asamblea Constituyente. Comienza el largo duelo que ocupa toda la mitad de la existencia de la Constituyente. El 29 de enero, el 21 de marzo y el 3 de mayo son los días, los grandes días de esta crisis, verdaderos preliminares del 13 de junio.

Los franceses, Louis Blanc, por ejemplo, vieron en el 29 de enero el surgimiento de una contradicción constitucional, de la contradicción entre una Asamblea nacional soberana, indisoluble, salida del sufragio universal, y un Presidente responsable de la misma, según la ley, pero que, en realidad, no sólo había sido sancionado igualmente por el sufragio universal, y reunía en torno a su persona todas las voces que se repartían y dispersaban cientos de veces entre los diferentes miembros de la Asamblea nacional, sino que estaba en plena posesión de todo el poder ejecutivo sobre el que la Asamblea nacional se cierne sólo por la fuerza moral. Esta interpretación del 29 de junio confunde el lenguaje de la lucha en la tribuna, por la prensa, en las asociaciones políticas, con su contenido real. Luis Bonaparte frente a la Asamblea Nacional constituyente no era una parte del poder constitucional frente a la otra, no era el poder ejecutivo frente al legislativo; era la propia república burguesa constituida frente a las ambiciosas intrigas y pretensiones ideológicas de la fracción burguesa revolucionaria que la había fundado y que, atónita, pretendía ahora asemejar la república constituida a una monarquía restaurada y que quería mantener por la violencia el período constituyente con sus condiciones, sus ilusiones, su lenguaje y su personal, e impedir que la república burguesa que había llegado a su madurez apareciera en su forma acabada y particular. Así como la Asamblea nacional constituyente representaba a Cavaignac en su seno, Bonaparte representaba a la Asamblea nacional legislativa que aún no se había separado de él, es decir, la Asamblea nacional de la República burguesa constituida.

La elección de Bonaparte no podría explicarse sin poner en el lugar de un solo nombre sus múltiples significados, sin ver su repetición en la elección de la nueva Asamblea nacional. El 10 de diciembre había anulado el mandato de la antigua Asamblea. Por lo tanto, el 29 de enero no se enfrentaron el Presidente y la Asamblea Nacional de la misma República, sino la Asamblea Nacional de la República potencial y el Presidente de facto de la República, dos fuerzas que encarnaban dos períodos muy diferentes en el proceso de la existencia de la República; era la pequeña fracción republicana de la burguesía la que sólo podía proclamar la República, arrancársela al proletariado revolucionario, mediante la lucha callejera y el terror, y esbozar en la constitución los rasgos fundamentales de su ideal; y, por otro lado, toda la multitud monárquica de la burguesía, que sólo podía reinar en esta República burguesa constituida, aportar a la constitución sus accesorios ideológicos, y realizar, con su legislación y su administración, las condiciones indispensables para la esclavización del proletariado.

La tormenta que cayó el 29 de enero se había estado gestando durante todo ese mes. La Constituyente quería, con su voto de censura, hacer dimitir al Ministerio de Barrot. El Ministerio de Barrot, por el contrario, propuso a la Asamblea Constituyente concederse un voto de censura definitivo, decidir su suicidio, decretar su propia disolución. Rateau, uno de los diputados más oscuros, hizo la propuesta a la Constituyente por orden del ministerio el 6 de enero, a esta misma Constituyente que, desde agosto, había decidido no disolverse antes de haber promulgado toda una serie de leyes orgánicas que completaban la Constitución. El ministerio de Fould le declaró con franqueza que la disolución era necesaria "para restaurar su crédito sacudido". ¿No había sacudido ese crédito al prolongar el estado provisional, al poner de nuevo en cuestión con Barrot, Bonaparte y, con Bonaparte, la República constituida? Barrot, el olímpico, transformado en Orlando Furioso, ante la perspectiva de ver arrancada de nuevo, después de haberla disfrutado sólo una quincena, esta presidencia de gabinete por fin obtenida; y que los republicanos ya habían prorrogado una vez en una decena de meses, Barrot triunfó en la tiranía sobre el tirano con respecto a esta miserable Asamblea. La más suave de sus palabras fue: "Para ella no hay futuro posible". Y, en realidad, no representaba nada más que el pasado. "Es incapaz de rodear a la República de las instituciones necesarias para su consolidación", añadió con ironía. ¡En efecto! Al mismo tiempo que, por su oposición exclusiva al proletariado, su energía burguesa se había visto comprometida, por su oposición a los monárquicos se había reforzado su exaltación republicana. Por lo tanto, era doblemente incapaz de consolidar mediante instituciones adecuadas la república burguesa que ya no entendía.

Con la propuesta de Rateau, el ministerio provocó al mismo tiempo una tormenta de peticiones en todo el país, y diariamente, desde todos los rincones de Francia, la Constituyente recibía en pleno rostro verdaderos fajos de "cartas de amor" en las que se rogaba, más o menos categóricamente, que se disolviera y hiciera su testamento. Por su parte, la Constituyente provocó contra peticiones en las que se exhortaba a seguir viviendo. La lucha electoral entre Bonaparte y Cavaignac se repite en forma de lucha de peticiones a favor o en contra de la disolución de la Asamblea nacional. Las peticiones se convertirían en los comentarios del 10 de diciembre realizados posteriormente. Esta agitación persistió durante todo el mes de enero.

En el conflicto entre la Asamblea Constituyente y el Presidente, la Asamblea Constituyente no podía volver a las elecciones generales como origen, porque alguien le recordaría el sufragio universal. No podía apoyarse en ningún poder regular, porque era una lucha contra el poder legal. No pudo derribar el ministerio con los votos de censura, como intentó de nuevo el 6 y el 26 de enero, porque el ministerio no le pidió su confianza. Sólo le quedaba una posibilidad, la insurrección.

Las fuerzas armadas de la insurrección eran el partido republicano de la guardia nacional, la garde mobile, y los centros del proletariado revolucionario, las asociaciones políticas. Los gardes mobites, estos héroes de las jornadas de junio, constituían en diciembre las fuerzas armadas organizadas de las fracciones republicanas de la burguesía, así como, antes de junio, los talleres nacionales habían formado las fuerzas armadas organizadas del proletariado revolucionario. De la misma manera que el Comité Ejecutivo de la Asamblea Constituyente concentró su brutalidad en el ataque a los talleres nacionales cuando necesitaba poner fin a las reivindicaciones, ahora insoportables, del proletariado, el Ministerio de Bonaparte combatió a la garde mobile cuando necesitaba poner fin a las reivindicaciones, ahora insoportables, de las fracciones republicanas de la burguesía. Y ordenó la disolución de la garde mobile. La mitad fue despedida y echada a la calle, la otra mitad recibió, en lugar de su organización democrática, una organización monárquica, y su sueldo fue rebajado al nivel de la paga común de las tropas de línea. La guardia móvil se encontró en la situación de los insurrectos de junio, y todos los días la prensa publicaba confesiones públicas, en las que la guardia reconocía su error de junio y pedía perdón al proletariado.

¿Y las asociaciones políticas? Desde el momento en que la Asamblea puso en tela de juicio, en la persona de Barrot, al Presidente; y, en el Presidente, a la República burguesa constituida; y, en la República burguesa en general, a todos los elementos constitutivos de la República de Febrero; desde ese momento, se alinearon en torno a ella todos los partidos que deseaban derrocar la

República existente, y que deseaban transformarla mediante un proceso de regresión violenta en la República de sus intereses y de sus conceptos de clase. Pero lo que se había hecho quedaba por hacer, la cristalización del movimiento revolucionario volvía a cimentarse, la República por la que se luchaba volvía a ser la vaga República de los días de febrero que cada partido se reservaba para definir. Los partidos retomaron brevemente sus antiguas posiciones de febrero, pero sin compartir sus ilusiones. Los republicanos tricolores del Nacional apoyaron a los republicanos democráticos de La Réforme y los situaron en la vanguardia, al frente de la lucha parlamentaria. Los republicanos demócratas se apoyaron de nuevo en los republicanos socialistas -el 27 de enero, un manifiesto público proclamó su reconciliación y su unión- y están preparando en las asociaciones políticas su segundo plan insurreccional. La prensa ministerial trató, con razón, a los republicanos tricolores de la Nacional como insurgentes resucitados de junio. Para mantenerse a la cabeza de la República burguesa, han puesto en cuestión esa misma República. El 26 de enero, el ministro Faucher propuso un proyecto de ley sobre el derecho de asociación cuyo primer párrafo estaba así concebido: "Las asociaciones políticas están prohibidas". Propuso que este proyecto de ley se sometiera a debate inmediatamente por el procedimiento de urgencia. La Constituyente rechazó la propuesta de urgencia, y el 27 de enero Ledru-Rollln presentó una propuesta para que el ministerio fuera juzgado por violación de la Constitución, propuesta que contó con doscientas treinta firmas. La acusación del ministerio en el momento en que tal acto revelaba la torpe confesión de la impotencia del juez, es decir, de la mayoría de la Cámara, o incluso la impotente protesta del acusador contra esta misma mayoría, tal fue la gran baza revolucionaria que La Montagne, hermana menor, jugó inmediatamente en cada momento álgido de la crisis. ¡Pobre Montagne, aplastado bajo el peso de su propio nombre!

El 15 de mayo Blanqui, Barbès, Raspail, etc. habían intentado disolver la Asamblea Constituyente por la fuerza, penetrando en el salón de sesiones ante el proletariado parisino. Barrot preparó para esta Asamblea una moraleja el 15 de mayo, queriendo dictarle su propia disolución y cerrar su salón de sesiones. La Asamblea había encargado a Barrot la investigación de los acusados de mayo; y fue en el momento en que se presentó ante ella como Blanqui monárquico, cuando buscaba ante ella aliados en las asociaciones políticas, con los proletarios revolucionarios, en el partido de Blanqui, cuando el inexorable Barrot la torturó con su propuesta de robar el jurado de los acusados de mayo y citarlos ante el tribunal supremo inventado por el partido de la Nacional, ante el Tribunal Superior. Qué cosa más notable que el tenaz temor a perder un título ministerial pueda extraer de la cabeza de un Barrot ironías dignas de un Beaumarchais! Tras largas vacilaciones, la Asamblea Nacional aprobó su propuesta. Frente a los acusados del atentado de mayo, se volvió a la normalidad.

Si la Constituyente, ante el presidente y los ministros, estaba obligada a la insurrección, el presidente y el ministerio, ante la Constituyente, estaban obligados al golpe de Estado, pues no tenían medios legales para disolverla. Pero la Constituyente fue la madre de la Constitución, y la Constitución fue la madre del presidente. Con el golpe de Estado, el presidente rompería la Constitución y destruiría sus títulos republicanos. Entonces se vio obligado a mostrar sus títulos imperiales, pero sus títulos imperiales evocaban los títulos orleanistas y ambos palidecían ante los títulos legitimistas. El derrocamiento de la República legal sólo podía traer su antípoda extrema, la monarquía legitimista, en el momento en que el partido orleanista era aún el perdedor de febrero, cuando Bonaparte era aún el vencedor del 10 de diciembre, y cuando ninguno de los dos podía aún oponerse a la usurpación republicana con nada más que sus títulos monárquicos igualmente usurpados. Los legitimistas eran conscientes de que el momento era favorable; conspiraron a plena luz del día. Con el General Cavaignac podrían esperar encontrar a su Monje. El advenimiento de la monarquía blanca fue proclamado tan abiertamente en sus asociaciones políticas como el advenimiento de la república roja en las asociaciones políticas proletarias.

Con una rebelión afortunadamente reprimida, el ministerio se habría librado de todas las dificultades. "La legalidad nos mata", gritó Odilon Barrot. Una rebelión habría permitido, con el pretexto de la seguridad pública, disolver la Asamblea Constituyente, violar la Constitución en beneficio de la propia Constitución. La brutal intervención de Odilon Barrot en la Asamblea Nacional, la propuesta de disolución de las asociaciones políticas, la rumoreada destitución de cincuenta alcaldes tricolores y su sustitución por monárquicos, la disolución de la garde mobile, la brutalidad con la que Changarnier trataba a sus comandantes, la reincorporación de Lherminier, este maestro ya imposible bajo Guizot, la tolerancia del braggadocio legitimista, fueron también incitaciones a la rebelión. Pero la rebelión siguió siendo sorda. Estaba esperando una señal de la Constituyente, no del Ministerio.

Finalmente, llegó el 29 de enero, día en que debía pronunciarse sobre la propuesta de Mathieu (de la Drôme), para el rechazo incondicional de la propuesta de Rateau. Legitimistas, orleanistas, bonapartistas, garde mobile, La Montagne, asociaciones políticas, todos conspiraban ese día contra el llamado enemigo como contra el llamado aliado. Bonaparte, a caballo, pasaba revista a una parte de las tropas en la plaza de la Concordia; Changarnier se pavoneaba en un gran despliegue de maniobras estratégicas. La Asamblea Constituyente encontró su salón de sesiones ocupado militarmente. Ella, el centro donde todas las esperanzas, las creencias, las expectativas, las fermentaciones, las tensiones, las conjuraciones, la Asamblea con coraje de león no dudó ni un instante más cuando se acercó más que nunca al momento de entregar su alma. Parecía esa combatiente que no sólo teme usar sus propias armas, sino que se cree igualmente obligada a conservar intactas las armas del adversario. Despreciando la muerte, firma su sentencia de muerte y rechaza el rechazo incondicional de la propuesta de Rateau. Ella misma, en estado de sitio, impuso a su actividad constitutiva unos límites cuyo marco necesario había sido el estado de sitio de París. Se vengó dignamente decidiendo, al día siguiente, una investigación sobre el susto que el ministerio le había causado el 29 de enero. La Montagne dio una prueba de su falta de energía revolucionaria y de sentido político al dejar que el partido del Nacional la convirtiera en el heraldo de las fuerzas armadas en esa comedia de intriga. Este partido había hecho un último intento de mantener de nuevo, en la República constituida, el monopolio del poder que había poseído durante el período de formación de la República burguesa. Este intento fracasó.

Si la crisis de enero fue sobre la existencia de la Asamblea Constituyente, la crisis del 21 de marzo fue sobre la existencia de la Constitución. Esta vez ya no se trata del personal del partido nacional, sino de su ideal.

No hace falta mencionar que los republicanos hacían menos querido el alto sentimiento que tenían de su ideología que el disfrute terrenal del poder gubernamental.

El 21 de marzo, el orden del día de la Asamblea Nacional incluía el proyecto de ley de Faucher contra el derecho de asociación: la prohibición de las asociaciones políticas. El artículo 8 de la Constitución garantiza a todos los franceses el derecho de asociación. La prohibición de las asociaciones políticas era entonces un ataque absolutamente claro a la Constitución; y la propia Constituyente debería canonizar la profanación de sus santos. Pero las asociaciones políticas eran los puntos de encuentro, los lugares de conspiración del proletariado revolucionario. La propia Asamblea nacional había prohibido la coalición de los trabajadores contra sus burgueses. ¿Y las asociaciones políticas eran otra cosa que la coalición de toda la clase obrera contra toda la clase burguesa, la formación de un estado obrero contra el estado burgués? ¿No eran tanto asambleas constituyentes del proletariado como destacamentos a las filas del ejército de la revuelta? Lo que la Constituyente iba a constituir, en primer lugar, era la dominación de la burguesía. La Constitución no podía, pues, entender manifiestamente por derecho de asociación otra cosa que las asociaciones de acuerdo con la dominación de la burguesía, es decir, con el orden burgués. Si, por conveniencia teórica, se expresaba de forma general, ¿no estaba el Gobierno, al igual que la Asamblea nacional, para interpretarla y aplicarla en casos particulares? Y si en la época antediluviana de la República las asociaciones políticas estaban prohibidas de facto por el estado de sitio, ¿no era necesario prohibirlas por ley en la República regular y constituida? Los republicanos tricolores sólo tenían una fórmula redundante de la Constitución para oponerse a esta interpretación prosaica de la misma. Una parte de ellos, Pagnerre, Duclerc, etc., votaron a favor del ministerio, dándole así la mayoría. La otra parte, con el arcángel Cavaignac y el padre de la Iglesia Marrast a la cabeza, se retiró cuando el artículo sobre la prohibición de las asociaciones políticas pasó a una comisión especial y, con Ledru-Rollin y La Montagne, "reunió el consejo". La Asamblea Nacional estaba paralizada, ya no tenía quórum. Monsieur Crémieux, en el gabinete, recordó a tiempo que este gabinete daba directamente a la calle y que ya no era febrero de 1848 sino marzo de 1849. Súbitamente iluminado, el partido de la Nacional volvió a entrar en la sala de sesiones de la Asamblea Nacional. Le siguió La Montagne, una vez más engañada, que, constantemente atormentada por los anhelos revolucionarios, también buscaba constantemente las posibilidades constitucionales y siempre se sentía mejor en su lugar detrás de los republicanos burgueses que al frente del proletariado revolucionario. La comedia se puso en escena. Y había sido la Constituyente, la mismísima Constituyente, la que había decretado que la violación de la letra de la Constitución era la única realización conforme a su espíritu.

Sólo quedaba un punto por resolver: las relaciones de la República constituida con la revolución europea, su política exterior. El 8 de mayo de 1849, la Asamblea Constituyente, cuyo mandato expiraba en unos días, estaba desorganizada. El ataque del ejército francés a Roma, su retirada ante los romanos, su infamia política y su desgracia militar, el asesinato de la República Romana por la República Francesa, la primera campaña de la Italia del segundo Bonaparte, estaban a la orden del día. La Montagne había jugado una vez más su gran baza; Ledru-Rollin había depositado sobre la mesa del presidente el inevitable acta de acusación contra el ministerio por violación de la Constitución, y esta vez también contra Bonaparte.

El escenario del 8 de mayo se repitió más tarde, el 13 de junio. Expliquemos lo de la expedición romana.

Ya a mediados de noviembre de 1848, Cavaignac había enviado una flota de combate a Civita-Vecchia para proteger al Papa, embarcarlo y conducirlo a Francia. El Papa debía bendecir la República legal y asegurar la elección de Cavaignac a la presidencia. Con el Papa, Cavaignac quería atraer a los sacerdotes, con los sacerdotes a los campesinos y con los campesinos a la presidencia. Propaganda electoral en su objetivo inmediato, la expedición de Cavaignac era a la vez una protesta y una amenaza contra la revolución romana. Fue el germen de la intervención de Francia a favor del Papa.

Esta intervención a favor del Papa, con Austria y Nápoles, contra la República Romana, fue decidida en la primera sesión del Consejo de Ministros de Bonaparte, el 23 de diciembre. Falloux en el ministerio era el Papa en Roma y la Roma del Papa. Bonaparte ya no necesitaba al Papa para ser presidente de los campesinos, sino que necesitaba al Papa para alejar a los campesinos del presidente. Fue la credulidad de los campesinos la que lo convirtió en presidente. Con la fe perdieron su credulidad, y con el Papa, su fe. ¡Y los orleanistas y legitimistas coaligados que reinaron en nombre de Bonaparte! Antes de restaurar al rey, era necesario restaurar el poder que consagra a los reyes. Abstracción hecha de su monarquismo: sin la vieja Roma sumisa a su poder temporal, no hay papa; sin papa, no hay catolicismo, no hay religión francesa; y sin religión ¿qué sería de la vieja sociedad francesa? La hipoteca que el campesino posee sobre los bienes celestiales garantiza la hipoteca que el burgués posee sobre los bienes del campesino. La revolución romana fue, pues, un ataque a la propiedad, al orden burgués, tan terrible como la revolución de junio. La dominación burguesa restaurada en Francia exigía la restauración de la dominación pontificia en Roma. Por último, en los revolucionarios romanos lucharon los aliados de los revolucionarios franceses. La alianza de las clases contrarrevolucionarias en la República Francesa constituida tuvo su complemento necesario en la alianza de esa República con la Santa Alianza, con Nápoles y Austria. La decisión del Consejo de Ministros del 23 de diciembre no era un secreto para la Asamblea Constituyente. Ya el 8 de enero Ledru-Rollin había interpelado al gabinete sobre este tema. El ministerio lo negó, la Asamblea Nacional pasó al orden del día. ¿Confió en las palabras del ministerio? Sabemos que se pasó todo el mes de enero concediéndole votos de censura. Pero si él estaba en su papel de mentir, ella estaba en su papel de fingir que creía sus mentiras y así salvar las apariencias republicanas.

Sin embargo, el Piamonte fue derrotado. Carlos-Alberto abdicó. El ejército austriaco estaba llamando a las puertas de Francia. Ledru-Rollin hizo una intervención violenta. El ministerio demostró que sólo continuaba en el norte de Italia la política de Cavaignac, y Cavaignac la política del gobierno provisional, es decir, de Ledru-Rollin. Además, esta vez, cosechó un voto de confianza de la Asamblea nacional y fue autorizado a ocupar temporalmente un lugar adecuado en la Alta Italia para ayudar así a las negociaciones pacíficas con Austria sobre la integridad del territorio sardo y sobre la cuestión romana. Como es sabido, el destino de Italia se decide en los campos de batalla del norte de Italia. Por eso, Roma había caído con Lombardía y Piamonte; de lo contrario, era necesario que Francia declarara la guerra a Austria y, en consecuencia, a la contrarrevolución europea. ¿La asamblea nacional constituyente tomó de repente el ministerio de Barrot por el Comité de seguridad pública, o se tomó a sí misma por la Convención? ¿Por qué entonces la ocupación militar de un punto de la Alta Italia? La expedición contra Roma se ocultó bajo este velo transparente.

El 14 de abril, 14.000 hombres, bajo el mando de Oudinot, zarparon hacia Civita-Vecchia. El 16 de abril, la Asamblea Nacional concede al ministerio un crédito de un millón doscientos mil francos para la conservación, durante tres meses, de una flota de intervención en el Mediterráneo. De este modo, dio al ministerio todos los medios para intervenir contra Roma, mientras pretendía hacerla intervenir contra Austria. No vio lo que hizo el ministerio, no escuchó lo que dijo. No se podía encontrar tal fe en Israel: la Constituyente había llegado a no saber qué debía hacer la República constituyente.

Finalmente, el 8 de mayo se representó la última escena de la comedia. La Asamblea Constituyente invitó al Ministerio a tomar medidas rápidas para que la expedición de Italia volviera al objetivo que se había fijado. Esa misma tarde, Bonaparte insertó una carta en el Moniteur en la que dirigía a Oudinot su más calurosa felicitación. El 11 de mayo la Asamblea rechazó el acto de acusación contra este mismo Bonaparte y su ministerio. Y La Montagne, que, en lugar de romper este tejido de mentiras, se tomó en serio la comedia parlamentaria para representar ella misma, en su seno, el papel de Fouquier-Tinville, ¡no dejó mostrar bajo la piel de león prestada por la Convención la piel de ternera pequeñoburguesa que le era natural!

La segunda mitad de la existencia de la Asamblea Constituyente puede resumirse así: reconoce, el 29 de enero, que las fracciones monárquicas burguesas son los dirigentes naturales de la República constituida por ella; el 21 de marzo, que la violación de la Constitución es su realización; y, el 11 de mayo, que la alianza pasiva de la República Francesa con los pueblos en lucha, enfáticamente proclamada, significa su alianza activa con la contrarrevolución europea, Esta miserable Asamblea abandonó la escena después de haberse dado, dos días antes de su aniversario de nacimiento, el 4 de mayo, la satisfacción de rechazar la propuesta de amnistía en favor de los insurgentes de junio. Con su poder destrozado, odiada a muerte por el pueblo, repelida, maltratada, apartada con desprecio por la burguesía de la que era un instrumento, obligada en la segunda mitad de su existencia a renegar de la primera, privada de su ilusión republicana, sin grandes logros en el pasado, sin esperanzas en el futuro, un cuerpo vivo que se descompone en pedazos, no sabía cómo revivir su propio cadáver sino recordando constantemente la victoria de junio, reviviéndola después; se sostenía maldiciendo a los malditos una y otra vez. Vampiro que vive de la sangre de los insurgentes de junio.

Dejaba atrás el déficit público incrementado por los gastos de la insurrección de junio, por la supresión del impuesto sobre la sal, por las indemnizaciones concedidas a los plantadores por la abolición de la esclavitud, por los gastos de la expedición romana y por la supresión del impuesto sobre los licores, cuya abolición decidió ya en sus últimos estertores; anciana con regocijo maligno, contenta de depositar sobre los hombros de su satisfecho heredero una comprometida deuda de honor.

Desde principios de marzo había comenzado la agitación electoral a favor de la Asamblea Legislativa Nacional. Dos grupos principales se enfrentaban: el partido del orden y el partido demócrata-socialista o rojo. Entre ellos estaban los amigos de la Constitución, en cuyo nombre los republicanos tricolores de la Nacional intentaban representar un partido. El partido del orden se formó inmediatamente después de las jornadas de junio; sólo después de que el 10 de diciembre le permitiera rechazar a la "pequeña iglesia" del Nacional, los republicanos burgueses, se reveló el secreto de su existencia, la coalición de orleanistas y legitimistas en un solo partido. La clase burguesa estaba dividida en dos grandes fracciones que, de una en una -la gran propiedad terrateniente bajo la Restauración, la aristocracia financiera y la burguesía industrial bajo la monarquía de julio-, habían ostentado el monopolio del poder. Borbón era el nombre real que cubría la influencia preponderante de los intereses de una de las fracciones. Orleans era la que cubría la influencia preponderante de los intereses de la otra fracción: el anónimo reinado de la República era el único yugo bajo el cual las dos fracciones podían mantener con poder legal sus intereses de clase comunes sin renunciar a su rivalidad recíproca. Si la República burguesa no podía ser otra cosa que la dominación acabada y perfectamente clara de toda la clase burguesa, ¿podía ser otra cosa que la dominación de los orleanistas completada por los legitimistas y de los legitimistas completada por los orleanistas, la síntesis de la Restauración y de la monarquía de julio? Los republicanos burgueses del Nacional no representaban una gran fracción de su clase desde el punto de vista económico. Tenían como única importancia y como único título histórico el hecho de que, bajo la monarquía, ante las dos fracciones burguesas que sólo entendían su régimen particular, aplicaban el régimen general de la clase burguesa, el régimen anónimo de la República que idealizaban y adornaban con arabescos antiguos, pero en el que aclamaban sobre todo la dominación de su grupo. Si el partido del Nacional dudó de su propia lucidez cuando se dio cuenta en la cumbre de la República de que había creado a los monárquicos de la coalición, éstos no se equivocaron menos sobre su dominio unificado. No comprendieron que, si alguna de sus fracciones consideradas por separado era monárquica, el resultado de su combinación química debía ser necesariamente republicano, y que la monarquía blanca y la monarquía azul debían necesariamente neutralizarse mutuamente en la república tricolor. Obligadas, por su oposición al proletariado revolucionario y a las clases intermedias que se agrupaban cada vez más a su alrededor, a reclutar sus fuerzas combinadas, cada una de las fracciones del partido del orden, frente a los deseos de restauración y hegemonía de la otra, se vio impulsada a hacer prevalecer la dominación común, es decir, la forma republicana de la dominación burguesa. Así, aquellos monárquicos que al principio creían en una restauración inmediata, y que más tarde, conservando la forma republicana, lanzaron mortíferas invectivas contra ella, he aquí que finalmente reconocieron que no podían ponerse de acuerdo más que en la república, y pospusieron la Restauración a una fecha indeterminada. El ansia común de poder fortaleció a cada una de las dos fracciones y las hizo aún más incapaces y menos dispuestas a subordinarse a la otra, es decir, a restaurar la monarquía.

El partido del orden proclamaba directamente en su programa electoral la dominación de la clase burguesa, es decir, el mantenimiento de las condiciones de existencia de su dominación, de la propiedad, de la familia, de la religión, ¡del orden! Naturalmente, presentó su dominación de clase y las condiciones de su dominación de clase como las condiciones necesarias de la producción material, así como las relaciones sociales que se derivan de ella. El partido del orden disponía de enormes recursos. Organizó sus sucursales en toda Francia; tenía a su disposición a todos los ideólogos de la vieja sociedad, contaba con la influencia del poder gubernamental existente; poseía un ejército de vasallos espontáneos en toda la masa de pequeños burgueses y campesinos que, aún alejados del movimiento revolucionario, veían en los grandes dignatarios de la propiedad a los representantes naturales de su pequeña propiedad y de sus pequeños prejuicios; representado en todo el país por una multitud de reyes, podía castigar el repudio de sus candidatos como una insurrección, despedir a los obreros rebeldes, a los trabajadores agrícolas y domésticos, a los pequeños funcionarios, a los empleados del ferrocarril, a los burócratas recalcitrantes, a todos los funcionarios que le estaban burguesamente subordinados. Pudo, por fin, con esto y con aquello, mantener la ilusión de que la Asamblea Constituyente republicana había impedido que el Bonaparte del 10 de diciembre manifestara sus fuerzas milagrosas. En el partido del orden no hemos mencionado a los bonapartistas. No eran una fracción seria de la clase burguesa, sino un montón de viejos inválidos y supersticiosos, y jóvenes e incrédulos caballeros de la industria. El partido del orden triunfó en las elecciones y envió una amplia mayoría a la asamblea legislativa.

Frente a la coalición de clases burguesa contrarrevolucionaria, los partidos ya revolucionarios de la pequeña burguesía y de la clase campesina tendrían que vincularse naturalmente con el gran dignatario de los intereses revolucionarios, el proletariado revolucionario. Hemos visto que los portavoces democráticos de la pequeña burguesía en el Parlamento, es decir, La

Montagne, habían sido arrojados por las derrotas parlamentarias hacia los portavoces socialistas del proletariado, y que la pequeña burguesía real fuera del Parlamento había sido arrojada hacia los proletarios reales por los concordatos amistosos, por la preponderancia de los intereses burgueses, por la bancarrota. El 27 de enero, La Montagne y los socialistas habían celebrado su reconciliación; renovaron, en el gran banquete de febrero de 1849, su pacto de alianza. El Partido Social y el Partido Democrático, el partido de los trabajadores y el partido de la pequeña burguesía, se unieron en el Partido Social-Demócrata, es decir, en el Partido Rojo.

Paralizada por unos momentos por la agonía que siguió a las jornadas de junio, la República Francesa, tras la suspensión del estado de sitio después del 14 de octubre, había pasado por una serie continua de emociones febriles. Primero, la lucha por la presidencia; después, la lucha del presidente contra la Constituyente; la lucha por las asociaciones políticas; el proceso de Bourges, que, frente a las figuras mezquinas del presidente, de los monárquicos de la coalición, de los republicanos legales, de La Montagne democrática, de los doctrinarios socialistas del proletariado, hizo aparecer a los verdaderos revolucionarios de este mismo proletariado como monstruos antediluvianos dejados en la superficie de la sociedad por un diluvio, o incluso como si, solos, pudieran preceder a un diluvio social; la agitación electoral; la ejecución de los asesinos de Bréa, los continuos ataques de la prensa, las violentas incursiones policiales del Gobierno en los banquetes las impúdicas provocaciones monárquicas; la exposición de las figuras de Louis Blanc y Gaussidiêre a la execración pública; la lucha ininterrumpida entre la República constituida y la Constituyente que hizo, a cada instante, que la revolución volviera a su punto de partida, que hizo, a cada instante, del vencedor al vencido, del vencido al vencedor, que, en un abrir y cerrar de ojos, echó por tierra la posición de los partidos y de las clases, sus separaciones y sus conexiones; la rápida marcha de la contrarrevolución europea; la gloriosa lucha de Hungría, el reclutamiento de las defensas alemanas, la expedición romana, la vergonzosa derrota del ejército francés ante Roma: En esta agitación, en este doloroso desorden histórico, en este dramático flujo y reflujo de pasiones, de esperanzas, de desilusiones revolucionarias, las diversas clases de la sociedad francesa tendrían necesariamente que contar en semanas sus períodos de desarrollo, como en otros tiempos los contaban por medios siglos. Una parte importante de los campesinos y de las provincias estaban en revolución. No sólo Napoleón les había decepcionado, sino que el Partido Rojo les había ofrecido contenido en lugar de nombre, en lugar de la ilusoria dispensa de impuestos, el reembolso de los miles de millones pagados a los legitimistas, la regulación de las hipotecas y la supresión de la usura.

El propio ejército estaba contaminado por la fiebre revolucionaria. Al votar por Bonaparte, había votado por la victoria y él le dio la derrota; había votado por el cabo detrás del cual se esconde el gran capitán revolucionario, y él le devolvió los grandes generales detrás de los cuales se esconde el cabo experto en botones de polaina. No cabe duda de que el partido rojo, es decir, la coalición Partido Demócrata, a falta de la victoria, pensó en celebrar al menos el gran triunfo de que París, el ejército, una parte respetable de las provincias le votaran. Ledru-Rollín, líder de La Montaña, fue elegido por cinco departamentos. Ninguno de los líderes del partido del orden había logrado una victoria semejante. Ningún nombre del partido proletario propiamente dicho. Esta elección nos revela el secreto del Partido Democrático-Socialista. Si La Montagne, la vanguardia parlamentaria de los demócratas de la pequeña burguesía, se vio obligada, por una parte, a unirse a los doctrinarios socialistas del proletariado, éste, obligado por la formidable derrota material de junio a reponerse mediante victorias intelectuales, no estando aún en condiciones, a la vista del desarrollo de las otras clases, de apoderarse de la dictadura revolucionaria, se vio obligado a echarse en brazos de los doctrinarios de su emancipación, de los fundadores de sectas socialistas; Por otra parte, los campesinos revolucionarios, el ejército y las provincias se pusieron detrás de La Montagne, que se convirtió así en el líder del campo del ejército revolucionario y, por su acuerdo con los socialistas, había eliminado todo antagonismo en el partido revolucionario. En la última mitad de la existencia de la Constitución, La Montagne, en ella, representaba el patetismo republicano, y la había hecho olvidar sus pecados de la época del Gobierno Provisional, del Comité Ejecutivo y de los días de junio. Mientras el partido del Nacional, de acuerdo con su naturaleza indecisa, se dejó aplastar por el ministerio monárquico, el partido de La Montagne, marginado durante la omnipotencia del Nacional, creció y se impuso como representante parlamentario de la Revolución. En efecto, el partido del Nacional no tenía nada que oponer a las fracciones monárquicas, salvo personalidades ambiciosas y tópicos idealistas. El partido de La Montagne, por el contrario, representaba una masa flotante entre la burguesía y el proletariado cuyos intereses materiales requerían instituciones democráticas. Enfrentados a los Cavaignac y a los Marrasts, Ledru-Rollín y La Montagne estaban, pues, en la verdad de la revolución y sacaban de la conciencia de esta grave situación un coraje aún mayor, ya que la manifestación de la energía revolucionaria se limitaba a las salidas parlamentarias, a la entrega de actos de acusación, a las amenazas, a los arrebatos de voz, a los discursos tonantes y a los extremismos que no pasaban del nivel de las palabras. Los campesinos estaban casi en la misma situación que los pequeños burgueses; tenían casi las mismas reivindicaciones sociales que hacer. Todas las capas medias de la sociedad, tal como se ejercieron en el movimiento revolucionario, tendrían que encontrar necesariamente su héroe en Ledru-Rollin. Era el personaje de la pequeña burguesía democrática. Frente al partido del orden, fueron precisamente los reformistas de ese orden, medio conservadores, medio revolucionarios y absolutamente utópicos, los primeros en lanzarse al frente.

El partido de National, los "amigos de la propia Constitución", "los republicanos puros y duros", fueron derrotados con contundencia en las elecciones. Una pequeña minoría de ellos fue enviada a la Cámara legislativa. Sus líderes más conspicuos desaparecieron de la escena, incluso Marrast, el redactor jefe, el Orfeo de la república legal.

El 28 de mayo se reunió la asamblea legislativa; el 11 de junio se repitió la conmoción del 8 de mayo. Ledru-Rollin presentó, en nombre de La Montagne, una solicitud de acusación contra el presidente y el ministerio por violación de la Constitución a causa del ataque a Roma. El 12 de junio la Asamblea Legislativa rechazó la solicitud de acusación, al igual que la Asamblea Constituyente la había rechazado el 11 de mayo; pero esta vez el proletariado envió a La Montagne a la calle, pero no para el combate callejero, sino para la manifestación callejera. Basta decir que La Montagne estaba a la cabeza de este movimiento para que se sepa que el movimiento fue derrotado y que junio de 1849 fue una caricatura, tan ridícula como indigna, de junio de 1848. La gran retirada del 13 de junio sólo no fue eclipsada por el relato aún mayor de la batalla que hizo Changarnier, el gran hombre que improvisó el partido del orden. Cada momento social necesita sus grandes hombres; y si no los encuentra, los inventa, como decía Helvetius.

El 20 de diciembre, sólo existía la mitad de la república burguesa constituida, el Presidente; el 29 de mayo, se completaba con la otra mitad, la Asamblea legislativa, En junio de 1848, la república burguesa constituida había grabado su nacimiento en los anales de la historia con una batalla incalificable contra el proletariado; en junio de 1849, la república burguesa constituida hizo lo mismo, pero con una comedia incalificable protagonizada por la burguesía. Junio de 1849 fue la Némesis de junio de 1848. En junio de 1849, los obreros no fueron los perdedores, sino que los pequeños burgueses colocados entre ellos y la revolución fueron los perdedores. Junio de 1849 no fue la tragedia sangrienta entre el trabajo asalariado y el capital, sino el espectáculo rico en escenas de arrestos, el lamentable espectáculo entre el deudor y el acreedor. El partido del orden había ganado, era el todopoderoso, ahora tenía que demostrar quién era.

CAPÍTULO III: DEL 13 DE JUNIO DE 1849 AL 10 DE MARZO DE 1850

El 20 de diciembre, la cabeza de Jano de la república constitucional sólo había mostrado una de sus caras, la ejecutiva, bajo los trazos indecisos e inexpresivos de Luis Bonaparte: el 29 de mayo de 1849, mostró su segunda cara, la legislativa, arrugada por las orgías de la Restauración y la monarquía de julio. Con la Asamblea legislativa nacional, apareció la República constitucional, dispuesta, bajo su forma republicana estática en la que se constituye la dominación de la clase burguesa, la dominación común de las dos grandes fracciones monárquicas que forman la burguesía francesa, los legitimistas y la coalición de los orleanistas, el partido del orden. Mientras la República Francesa se convertía así en propiedad de la coalición de partidos monárquicos, la coalición europea de potencias contrarrevolucionarias emprendía, en el mismo movimiento, una cruzada general contra los últimos refugios de las revoluciones de marzo. Rusia invadía violentamente Hungría, Prusia marchaba contra el ejército constitucional del Imperio y Oudinot atacaba Roma. La crisis europea se acercaba manifiestamente a un giro decisivo. Los ojos de toda Europa estaban fijos en París, los ojos de todo París en la Asamblea Legislativa.

El 11 de junio, Ledru-Rollin subió al estrado, no pronunció ningún discurso y formuló una requisitoria contra los ministros, desnuda, sin aparato, basada en los hechos, concentrada, violenta.

El ataque a Roma es un ataque a la Constitución, el ataque a la República romana, un ataque a la República francesa. El artículo cinco de la Constitución dice: "La República Francesa nunca emplea sus fuerzas contra la libertad de ningún pueblo", y el Presidente dirige el ejército francés contra la libertad de Roma. El artículo cincuenta y cuatro de la Constitución prohíbe al poder ejecutivo declarar cualquier guerra sin el consentimiento de la asamblea nacional. La decisión de la Constituyente del 8 de mayo ordena expresamente a los ministros que devuelvan la expedición romana lo antes posible a su determinación original; luego, también expresamente, prohíbe la guerra contra Roma, y Oudinott ataca a Roma. Así, Ledru-Rollin citó a la propia Constitución como testigo de acusación contra Bonaparte y sus ministros. A la medida monárquica de la Asamblea Nacional le echó en cara, él, tribuno de la Constitución, esta declaración amenazante: "¡Los republicanos sabrán hacer respetar la Constitución por todos los medios, incluso por la fuerza de las armas!" "¡Por la fuerza de las armas!", repitió el eco de cien voces de La Montagne. La mayoría respondió con un terrible alboroto. El presidente de la Asamblea Nacional llama al orden a Ledru-Rollin. Ledru-Rollin repitió su provocación y puso por fin sobre la mesa la propuesta de acusación de Bonaparte y sus ministros. La Asamblea Nacional, por trescientos sesenta y un votos a favor y doscientos tres en contra, decidió, sobre el tema del ataque a Roma, simplemente pasar al orden del día.

Ledru-Rollin creía que podía derrotar a la Asamblea Nacional con la Constitución y al presidente con la Asamblea Nacional?

La Constitución prohibía, es cierto, cualquier ataque a la libertad de los países extranjeros, pero lo que el ejército francés atacaba en Roma no era, según el Ministerio, la "libertad" sino el "despotismo de la anarquía". A pesar de todas sus experiencias en la Asamblea Constituyente, ¿acaso La Montagne no había comprendido todavía que la interpretación de la Constitución sólo correspondía a quienes habían hecho que se aceptara? ¿Que era necesario que su texto fuera interpretado en su sentido factible, y que el sentido burgués era su único sentido factible? ¿Que Bonaparte y la mayoría monárquica de la Asamblea nacional fueron los auténticos intérpretes de la Constitución, como el sacerdote es el auténtico intérprete de la Biblia, y el juez el auténtico intérprete de la Ley? ¿La Asamblea Nacional, recién salida de las elecciones generales, iba a dejarse encadenar por las disposiciones testamentarias de la difunta Constituyente, cuyo testamento un Odilon Barrot había hecho trizas en plena vida? Refiriéndose a la decisión de la Constituyente del 8 de mayo, ¿había olvidado Ledru-Rollín que esa misma Constituyente había rechazado el 11 de mayo su primera propuesta de enjuiciamiento de Bonaparte y sus ministros, que había absuelto al Presidente y a los ministros, que había sancionado así como "constitucional" el ataque contra Roma, que sólo hizo una apelación contra una sentencia ya dictada, y que, finalmente, llamó Constituyente republicana al Legislativo monárquico? La propia Constitución recurrió a la insurrección al llamar, en un artículo especial, a todos los ciudadanos a defenderla. Ledru-Rollin se basó en este artículo. Pero, ¿no están los poderes públicos igualmente organizados para proteger la Constitución, y no comienza la violación de la Constitución sólo desde el momento en que uno de los poderes públicos constitucionales se rebela contra el otro? Y el presidente de la República, los ministros de la República, la Asamblea nacional de la República estaban en el más armonioso acuerdo.

Lo que La Montagne buscaba, el 11 de junio, era una "insurrección dentro de los límites de la razón pura", es decir, una insurrección puramente parlamentaria. Intimidada por la perspectiva de una rebelión armada de las masas populares, la mayoría de la Asamblea tuvo que desbaratar, en Bonaparte y sus ministros, su propio poder y el sentido de su propia elección. ¿Acaso la Asamblea Constituyente no había intentado igualmente anular la elección de Bonaparte, cuando insistió tan ardientemente en la destitución del ministerio de Barrot-Falloux?

No faltaron los ejemplos de insurrecciones parlamentarias en tiempos de la Convención, cuando las relaciones de la mayoría con la minoría se habían roto de un golpe, de arriba a abajo... ¿y por qué el joven Montagne no habría podido hacer lo que el viejo había logrado? Las condiciones del momento no parecían desfavorables para tal empresa. El malestar social había alcanzado en París un grado inquietante, el ejército ya no parecía, según sus votos, muy inclinado hacia el Gobierno, la mayoría legislativa era aún demasiado reciente, demasiado reciente para consolidarse, y, además, estaba compuesta por gente mayor. Si La Montagne tuviera éxito en una insurrección parlamentaria, el timón del Estado pasaría inmediatamente a sus manos. Por su parte, la pequeña burguesía democrática, como siempre, no deseaba nada más impaciente que ver comenzar la lucha por encima de su cabeza, en las nubes, entre los espíritus de los muertos del Parlamento. Finalmente, ambos, los demócratas pequeñoburgueses y su representante, La Montagne, con una insurrección parlamentaria, realizaban su gran objetivo: romper el poder de la burguesía sin quitarle las cadenas al proletariado, o sin hacerlo de otra manera que en perspectiva; el proletariado sería utilizado sin volverse peligroso.

Después de la votación del 11 de junio en la Asamblea Nacional, tuvo lugar una entrevista entre algunos miembros de La Montagne y delegados de sociedades secretas de trabajadores. Los delegados insistieron en que se iniciara un movimiento esa misma noche. La Montagne rechazó resueltamente este plan. No quería, bajo ningún precio, dejar que le quitaran el timón; sus aliados eran tan sospechosos para ella como sus adversarios, y con razón. El recuerdo de junio de 1848 agitó más que nunca las filas del proletariado parisino. Sin embargo, esta última estaba obligada por su alianza con La Montagne. Representaba el mayor partido en los departamentos, abusaba de su influencia en el ejército, tenía a su disposición la parte democrática de la guardia nacional, tenía detrás el poder moral del comercio. Comenzar la insurrección en este momento, contra su voluntad, era para el proletariado, diezmado además por el cólera, expulsado de París en masa por el paro, repetir inútilmente las jornadas de junio de 1848 sin las condiciones que habían impuesto a aquella lucha desesperada. Los delegados proletarios hicieron lo único racional: obtuvieron de La Montagne la promesa de exponerse realmente, es decir, de salir de los confines de la lucha parlamentaria, en caso de que su acto de acusación fuera rechazado. A lo largo del 13 de junio, el proletariado mantuvo esta actitud de observación escéptica y esperó una inevitable batalla campal, seriamente comprometida y sin vuelta atrás, entre la Guardia Nacional Democrática y el ejército, para lanzarse entonces a la batalla y llevar rápidamente la revolución más allá del objetivo pequeñoburgués que habían determinado para ella. En caso de victoria, ya se había constituido la Comuna proletaria, que debía estar al lado del Gobierno oficial. Los trabajadores parisinos habían aprendido la sangrienta lección de junio de 1848.

El 12 de junio, el ministro Lacrosse hizo personalmente a la Asamblea legislativa la propuesta de que el acta de acusación fuera aprobada inmediatamente para su discusión. Durante la noche, el Gobierno había tomado todas las disposiciones para la defensa y el ataque; la mayoría de la Asamblea Nacional estaba resuelta a echar a la calle a la minoría rebelde, la propia minoría ya no podía retroceder, la suerte estaba echada, trescientos setenta y siete votos contra ocho rechazaron el acto de acusación, La Montagne, que se había abstenido de votar, se precipitó refunfuñando en la sala de propaganda y en los despachos de la "democracia pacífica". Una vez retirada del edificio parlamentario, perdió su fuerza, al igual que el gigante Anteus perdió su fuerza cada vez que se alejó de su madre, la Tierra. Sanciones dentro de los confines de la asamblea legislativa, no eran más que filisteos dentro de los confines de la "Democracia pacífica". Se produjo un debate, largo, ruidoso y vacío. La Montagne estaba decidido a hacer respetar la Constitución por todos los medios, "excepto por la fuerza de las armas". Fue apoyada en su decisión por un manifiesto y por una delegación de "Amigos de la Constitución". "Amigos de la Constitución", así se llaman las ruinas de la "pequeña iglesia" de la Nacional, del partido republicano burgués. Mientras que, de sus restantes representantes parlamentarios, seis habían votado en contra del rechazo del acta de acusación, y todos los demás a favor, mientras que Cavaignac ponía su sable a disposición del partido del orden, la mayor parte extraparlamentaria de la "pequeña iglesia" aprovechó con entusiasmo la ocasión para dejar su posición de paria político y entrar en masa en las filas del partido demócrata. ¿No parecían los heraldos naturales de ese Partido que se escondía tras su escudo, bajo su principio, bajo la Constitución?

La Montagne se quedó trabajando hasta el amanecer. Dio a luz una "proclama al pueblo", que apareció en la mañana del 13 de junio en dos periódicos socialistas, en un lugar más o menos humillante. Declaró al presidente, a los ministros y a la mayoría de la asamblea legislativa "fuera de la constitución", e invitó a la guardia nacional, al ejército y finalmente también al pueblo "a rebelarse". "¡Viva la Constitución!", fue la consigna lanzada, una consigna que no significaba otra cosa que "¡Abajo la revolución!".

Esta proclamación constitucional de La Montagne fue seguida, el 13 de junio, por lo que podría llamarse una manifestación pacífica de la pequeña burguesía, es decir, una procesión desde el Château-dEau a través de los bulevares: treinta mil hombres, en su mayoría de la guardia nacional, desarmados, mezclados con miembros de secciones obreras secretas, desfilando al grito de "¡Viva la Constitución! ", lanzado de forma mecánica y glacial por los propios participantes en la marcha y que el eco de la gente que se precipitaba sobre las aceras repetía irónicamente en lugar de engrosar, como si fuera un trueno. A este canto de voces múltiples le faltaba la voz del corazón. Y cuando la comitiva pasó ante la sede de los "Amigos de la Constitución", y apareció en lo alto de la casa un heraldo a sueldo de la Constitución, que, rompiendo el aire con un decidido gesto de su alto sombrero, hizo llover desde sus ciclópeos pulmones, como una granizada

sobre las cabezas de los peregrinos, la consigna: "¡Viva la Constitución!", estos mismos peregrinos parecieron por un instante
superados por lo cómico de la situación. Se sabe que la comitiva
llegó al bouleoarês, a la entrada de la Rue de Ia Paix fue recibida de
forma muy poco parlamentaria por los dragones y cazadores de
Changarnier, y se dispersó en todas direcciones, lanzando aún tras
de sí unos raquíticos gritos de "¡Las armas!" para completar la llamada a las armas parlamentaria del 11 de junio.

La mayoría de La Montagne, reunida en la Rue du Hasard,
desapareció cuando esta brutal dispersión del desfile pacífico, los
rumores confusos de asesinatos de ciudadanos desarmados en los
bulevares, el creciente tumulto en la calle, todo parecía anunciar
la proximidad de un motín. A la cabeza de un pequeño grupo de
diputados, Ledru-Rollin salvó el honor de La Montagme. Bajo la
protección de la artillería de París, que se había reunido en el Palacio Nacional, se dirigieron al Conservatorio de Artes y Oficios,
donde debían llegar las legiones quinta y sexta. Pero fue en vano
que los montañeses esperaran a las legiones quinta y sexta: estos
prudentes guardias nacionales dejaron a sus representantes en la
duda, la artillería del propio París impidió que el pueblo volviera
a levantar barricadas, un caos confuso hizo imposible cualquier
decisión, las tropas de línea avanzaron, las bayonetas se cruzaron,
una parte de los representantes fue tomada prisionera, la otra es-
capó. Así termina el 13 de junio.

Si el 23 de junio de 1848 fue la insurrección del proletariado revolucionario, el 13 de junio de 1848 fue la insurrección de
los demócratas pequeñoburgueses, siendo cada una de estas dos
insurrecciones la expresión pura y típica de la clase que la dirigió.

Sólo en Lyon estalló un conflicto sangriento y sanguinario.
En esa ciudad donde la burguesía y el proletariado se encuentran
directamente frente a frente, donde el movimiento obrero no
está, como en París, implicado y determinado por el movimiento
general, el 13 de junio ha perdido, en consecuencia, su carácter
primitivo. Sin embargo, en los lugares de la provincia donde ex-

plotó, no se encendió, sino que fue un destello de entusiasmo.

El 13 de junio cerró el primer período de existencia de la república constitucional que había comenzado su vida normal, el 29 de mayo de 1849, con la reunión de la asamblea legislativa. Todo el tiempo que duró este prólogo está lleno de la ruidosa lucha entre el partido del orden y La Montagne, entre la burguesía y la pequeña burguesía, inútilmente enfadada contra la instauración de la República burguesa por la que ella misma había conspirado ininterrumpidamente en el gobierno provisional y en el comité ejecutivo, y por la que había luchado fanáticamente contra el proletariado durante las jornadas de junio. El 13 de junio rompió su resistencia e hizo que la dictadura legislativa de los Monárquicos Unificados fuera un hecho consumado. A partir de ese momento, la Asamblea Nacional no es más que el comité de seguridad pública del partido del orden.

París había puesto bajo "acusación" al presidente, a los ministros y a la mayoría de la Asamblea Nacional, que veían a París en "estado de sitio". La Montagne había declarado a la mayoría de la Asamblea "fuera de la Constitución", la mayoría citó a La Montagne ante el Alto Tribunal por violación de la Constitución y proscribió todo lo que aún estaba en vigor dentro de ella. Lo debilitaron hasta reducirlo a un tronco sin cabeza ni corazón. La minoría había llegado incluso a intentar una insurrección parlamentaria; la mayoría elevó su despotismo parlamentario al nivel de una ley. Promulgó un nuevo reglamento que suprimía la libertad de la tribuna y facultaba al presidente de la asamblea nacional a castigar a los representantes por alterar el orden con censura, multa, suspensión de la inmunidad parlamentaria, expulsión temporal y prisión. Sobre el tronco de La Montagne, la mayoría suspendió no la espada sino el látigo. Lo que quedaba de los diputados de La Montagne debería, por una cuestión de honor, retirarse en masa. La disolución del partido del orden se había acelerado con ese acto. Sólo podría descomponerse en sus elementos originales a partir del momento en que la aparición de una oposición dejara de mantenerlos unidos.

Al mismo tiempo que se les privaba de su fuerza parlamentaria, se privaba a los demócratas pequeñoburgueses de su fuerza armada, se prescindía de la artillería parisina y de las legiones octava, novena y duodécima de la guardia nacional. En compensación, la legión de las altas finanzas, que el 13 de junio había asaltado las imprentas de Boulé y Roux, roto las prensas, devastado las oficinas de los periódicos republicanos, detenido arbitrariamente a redactores, compositores, impresores, despachadores, ujieres, esta legión recibió de lo alto una aprobación alentadora desde la tribuna. En toda Francia se repitió la disolución de todos los guardias nacionales sospechosos de republicanismo.

Una nueva ley contra la prensa, una nueva ley contra las asociaciones, una nueva ley sobre el estado de sitio, las cárceles de París abarrotadas, los refugiados políticos perseguidos, todos los periódicos fuera de las posiciones del Nacional suspendidos. Lyon y los cinco departamentos limítrofes entregados a las brutales argucias del despotismo militar, los sustitutos presentes en todas partes, la multitud de funcionarios ya muchas veces tan seleccionados, una vez más seleccionados, como los inevitables tópicos que la reacción victoriosa repite sin cesar y que, después de las masacres y las deportaciones de junio, sólo merecen ser mencionados porque esta vez se dirigieron contra París, y también contra los departamentos, contra el proletariado y sobre todo las clases medias.

Las leyes represivas, que dejaban la proclamación del estado de sitio a la decisión del gobierno, estrangulaban aún más a la prensa y suprimían el derecho de asociación, absorbieron toda la actividad legislativa de la Asamblea Nacional durante los meses de junio, julio y agosto.

Sin embargo, esta época se caracteriza no por la exploración de los hechos sino de los principios, no por las decisiones de la Asamblea Nacional sino por la exposición de las razones de estas decisiones, no por la realidad sino por la palabra, no por la palabra sino por la entonación y el gesto que animan la palabra. La expresión insolente e irrespetuosa de las opiniones monárquicas, los insultos de una superioridad despectiva contra la República, la difusión con frívola afectación de los proyectos de restauración, en una palabra, la violación a bombo y platillo de las normas republicanas, dan a este periodo su particular matiz y color. "¡Viva la Constitución!" fue el grito de guerra de los vencidos del 13 de junio. Los vencedores se desprendieron entonces de la hipocresía del lenguaje constitucional, es decir, republicano. La contrarrevolución había sometido a Hungría, Italia y Alemania, y se creía que la Restauración estaba ya a las puertas de Francia. Comenzó una verdadera competición para ver quién abría el baile entre los líderes de las fracciones de la orden, presumiendo de su monarquismo en el Moniteur, confesando y arrepintiéndose de los pecados que pudieran haber cometido por el liberalismo bajo la República e implorando el perdón de Dios y de los hombres. No pasaba un día sin que la tribuna de la Asamblea Nacional declarara que la revolución era una vergüenza pública, sin que algún noble legitimista de una provincia declarara solemnemente que nunca había reconocido la República, sin que uno de los desertores y traidores poltrones de la monarquía de julio relatara extemporáneamente las hazañas heroicas que sólo la filantropía de Luis Felipe u otras incomprensiones le habían impedido realizar. Lo que había que admirar en las jornadas de febrero no era la generosidad del pueblo victorioso, sino la abnegación y la moderación de los monárquicos que le habían permitido ganar. Un representante del pueblo propuso que una parte de los recursos destinados a los heridos de febrero fuera entregada a los Guardias Nacionales que tan bien habían hecho el honor a su país durante esos días. Otro quería un decreto para erigir una estatua ecuestre al duque de Orleans en la plaza del Carrusel. Thiers calificó la Constitución de "papel sucio". Uno tras otro aparecieron en la tribuna orleanistas que lamentaban haber conspirado contra la monarquía legítima, legitimistas que se reprochaban haber acelerado la caída de la monarquía en general con su rebelión contra la monarquía ilegítima. Thiers que se arrepiente de haber intrigado contra Molé, Molé contra Guizot, Barrot contra los tres. El grito de "¡Viva la República Socialdemócrata!" fue considerado inconstitucional. El grito de "¡Viva la República!" fue acusado de ser socialdemócrata. En el aniversario de la batalla de Waterloo, un representante declaró: "Temo menos la invasión de los prusianos que el regreso a Francia de los exiliados revolucionarios." A las denuncias contra el terrorismo organizado en Lyon y los departamentos vecinos, Baraguay dHilliers respondió: "Prefiero el terror blanco al rojo". Y la Asamblea estallaba en frenéticos aplausos cada vez que un epigrama contra la Revolución, contra la República, contra la Constitución, a favor de la monarquía, a favor de la Santa Alianza, caía de los labios de sus oradores. Cada violación de las más mínimas formalidades republicanas -no llamar, por ejemplo, a los representantes "ciudadanos"- excitaba a los caballeros del orden.

Las elecciones suplementarias del 8 de julio en París, celebradas bajo la influencia del estado de sitio y con la abstención de una gran parte del proletariado, la ocupación de Roma por el ejército francés, la entrada en procesión de las Eminencias Rojas y, tras ellas, de la Inquisición y el terrorismo de los monjes en Roma, todos estos acontecimientos aportaron nuevos triunfos a la victoria de junio y aumentaron la embriaguez del partido del orden.

Finalmente, a mediados de agosto, medio con la intención de asistir a los Consejos Generales que habían llegado a reunirse, medio por el cansancio de las orgías ideológicas que habían durado muchos meses, los monárquicos decretaron un receso de dos meses de la Asamblea Nacional. Con visible ironía, dejaron una comisión de veinticinco representantes, la flor y nata de los legitimistas y los orleanistas, un Molé, un Changarnier, como representantes de la Asamblea nacional y guardianes de la República. La ironía era mayor de lo que pensaban. Condenados por la historia a ayudar al derrocamiento de la monarquía que amaban, fueron designados por ella para preservar la República que odiaban.

Con el receso de la asamblea legislativa, terminó el segundo período de la existencia de la república constitucional, su período de jolgorio monárquico.

Una vez suspendido el estado de sitio en París, se reanuda la acción de la prensa. Durante la suspensión de los periódicos socialdemócratas, durante el período de la legislación represiva y de las locuras monárquicas, el Siècle, el viejo representante literario de los pequeños burgueses monárquicos constitucionales, se republicanizó; La Presse, el viejo representante literario de los reformistas burgueses, se democratizó; Le National, el viejo órgano clásico de los republicanos burgueses, se socializó.

Las sociedades secretas crecen en extensión e intensidad a medida que las asociaciones políticas públicas se vuelven imposibles. Las asociaciones industriales obreras, toleradas como sociedades puramente comerciales, sin ningún valor económico, se convirtieron, desde el punto de vista político, también en medios de unión del proletariado. El 13 de junio había eliminado de los diversos partidos semirrevolucionarios a sus dirigentes oficiales; las masas que quedaron obtuvieron así la ventaja de actuar por iniciativa propia. Los señores del orden habían insinuado profetizando los horrores de la República Roja; los groseros excesos, las hipérboles atrocidades de la contrarrevolución victoriosa en Hungría, en Baden, en Roma, excusaban la "República Roja". En cuanto a las capas medias descontentas de la sociedad francesa, empezaban a preferir los sermones de la República Roja, con sus molestas atrocidades, a las atrocidades de la monarquía blanca, con su carácter de desesperación real. Ningún socialista en Francia hizo más propaganda revolucionaria que Haynau. A cada capacidad según sus obras!

Sin embargo, Luis Bonaparte aprovechó las vacaciones de la Asamblea nacional para hacer viajes principescos a las provincias; los legitimistas más ardientes peregrinaron a Ems con el descendiente de San Luis, y la multitud de representantes del pueblo, amigos del orden, hicieron intrigas en los consejos generales que acababan de reunirse. Se trataba de hacerles expresar lo que la mayoría de la asamblea nacional aún no se atrevía a decir, la declaración de la urgencia de una revisión inmediata de la Constitución. Constitucionalmente, la Constitución no pudo ser revisada hasta 1852 y por una Asamblea nacional especialmente convocada para ello. Pero si la mayoría de los consejos departamentales se pronuncian en este sentido, ¿no debería la Asamblea nacional, en nombre de Francia, sacrificar la virginidad de la Constitución? La Asamblea nacional alimentó, con respecto a estas Asambleas Provinciales, las mismas esperanzas que las monjas tenían con respecto a los Pandores en la Henriade de Voltaire. Pero los Putiphars de la Asamblea nacional sólo tenían que lidiar, con algunas excepciones, con otros tantos José provinciales. Una abrumadora mayoría no entendería la insinuación apresurada. La revisión de la constitución fue desprestigiada por los mismos instrumentos que debían darle vida mediante los votos de los consejos generales. La voz de Francia, y de hecho la voz de la Francia burguesa, había hablado y se había pronunciado contra la revisión.

A principios de octubre, la Asamblea Legislativa Nacional se reunió de nuevo - tantum mutatus ab illo. Su fisonomía se modificó radicalmente. El rechazo de la revisión por parte de los consejos generales la ha devuelto a los límites de la Constitución y le ha mostrado los límites de su duración. Los orleanistas habían empezado a sospechar de las peregrinaciones de los legitimistas a Ems, los legitimistas sospechaban de las conversaciones orleanistas con Londres, los periódicos de las dos fracciones avivaban el fuego y sopesaban las pretensiones recíprocas de sus pretendientes; Orleanistas y legitimistas, unidos, guardaban rencor a los bonapartistas por sus intrigas que revelaban los viajes principescos, las tentativas más o menos visibles de emancipación del presidente, el lenguaje pretencioso de los periódicos bonapartistas; Luis Bonaparte guardaba rencor a la Asamblea nacional que sólo consideraba legítima la conspiración legitimista orleanista, y a un ministerio que le traicionaba constantemente en favor de la Asamblea nacional. Por último, el propio ministerio estaba dividido sobre la política romana y sobre el impuesto sobre la renta propuesto por el ministro Passy y denunciado como socialista por los conservadores.

Una de las primeras propuestas del ministerio de Barrot a la asamblea legislativa reconvocada fue la solicitud de un crédito de trescientos mil francos para constituir una dote para la duquesa de Orleans. La Asamblea Nacional aceptó, añadiendo así al historial de deudas de la nación francesa una suma de siete millones de francos. Así, mientras Luis Felipe seguía representando con éxito el papel de "soberbio indigente", el ministerio no se atrevía a proponer un aumento de sueldo a favor de Bonaparte, y la Asamblea no parecía dispuesta a aceptarlo. Y Luis Bonaparte dudó, como siempre, ante el dilema: Aut Caesar, aut Clichy.

La segunda solicitud ministerial de un crédito de nueve millones de francos para pagar los gastos de la expedición desde Roma aumentó la tensión entre Bonaparte y los ministros de la Asamblea Nacional. Luis Bonaparte había hecho aparecer, en Le Moniteur, una carta a su oficial-ordenante, Edgar Ney, en la que obligaba al gobierno pontificio a respetar las garantías constitucionales. El Papa, por su parte, había emitido una bula -motu proprio- en la que rechazaba cualquier restricción a su poder restaurado. Con su carta, Bonaparte levantaba, por una indiscreción deliberada, el telón de su despacho, para presentarse ante la galería como un genio lleno de buena voluntad pero agraviado, y prisionero dentro de su propia casa. No era la primera vez que representaba, lleno de afectación, con el "furtivo batir de alas de un alma libre". Thiers, ponente de la comisión, ignoró por completo el batir de alas de Napoleón y se contentó con traducir el texto pontificio al francés. No fue el ministerio, sino Victor Hugo, quien trató de salvar al presidente con un programa para que la Asamblea aprobara la carta de Napoleón. ¡Vamos! ¡Vamos! Fue con esta fría e irrespetuosa interjección que la mayoría enterró la propuesta de Victor Hugo. ¿La política del presidente? ¿La carta del presidente? ¿El propio presidente? ¡Vamos! ¡Vamos! ¿Quién demonios se toma en serio a Monsieur Bonaparte? ¿Cree usted, Monsieur Victor Hugo, que le creemos cuando dice que cree al presidente? ¡Vamos! ¡Vamos!

Finalmente, la ruptura entre Bonaparte y la Asamblea nacional se precipitó por la discusión del retorno de los Orleans y los Borbones. En ausencia del ministerio, el primo del presidente, hijo del antiguo rey de Westfalia, había presentado esta propuesta cuyo único objetivo era situar a los pretendientes legitimistas y orleanistas al mismo nivel, o más bajo, preferentemente, que el del pretendiente bonapartista, ya que éste, al menos, se encontraba de hecho en la cumbre del poder.

Napoleón Bonaparte fue lo suficientemente irreverente como para hacer del regreso de las familias reales exiliadas, y de la amnistía de los insurrectos de junio, los artículos de una sola proposición. La indignación de la mayoría le obligó inmediatamente a pedir perdón por esta criminal conexión de lo sagrado con lo infame, de las cepas reales con la chusma proletaria, de las estrellas fijas de la sociedad con los fuegos fatuos de sus pantanos, y a dar a cada una de las dos proposiciones el valor que merecía. La asamblea nacional rechazó enérgicamente el regreso de la familia real, y Berryer, el Demóstenes de los legitimistas, no dejó ninguna duda sobre el significado de esta votación. La degradación burguesa de los pretendientes, ese es el objetivo deseado. Se desea robarles su halo, la última majestad que les queda, ¡la majestad del exilio! Qué se pensaría, exclamó Berryer, de aquellos pretendientes que, olvidando su ilustre origen, volvieran a vivir aquí como simples ciudadanos! A Luis Bonaparte no se le podía decir más claramente que su presencia no le había hecho ganar nada, y que si los monárquicos de la coalición le necesitaban en Francia, como hombre neutral sentado en la silla presidencial, los serios pretendientes a la corona debían permanecer ocultos a los ojos profanos por las nubes del exilio.

El 1 de noviembre, Luis Bonaparte respondió a la Asamblea Legislativa con un mensaje en el que anunciaba, en términos bastante bruscos, la destitución del ministerio de Barrot y la constitución de un nuevo ministerio. El ministerio de Barrot-Falloux era el ministerio de la coalición monárquica, el ministerio de Hautpoul era el ministerio de Bonaparte, el órgano del Presidente, ante la Asamblea legislativa, el ministerio de los empleados subalternos.

Bonaparte ya no era el hombre simplemente neutral del 10 de diciembre de 1848. La posesión del poder ejecutivo había agrupado a su alrededor numerosos intereses, la lucha contra la anarquía obligaba al propio partido del orden a aumentar su influencia, y si Bonaparte ya no era popular, el partido del orden era impopular. Frente a los orleanistas y los legitimistas, ¿no podría esperar, gracias a su rivalidad y a la necesidad de algún tipo de restauración monárquica, obligarles a reconocer al pretendiente neutral?

Es el 1 de noviembre de 1849 cuando se inicia el tercer periodo de existencia de la república constitucional, periodo que finaliza el 10 de marzo de 1850. El juego regular de las instituciones constitucionales, tan admirado por Guizot, no fue el único que inició la disputa entre el poder ejecutivo y el legislativo. Ante los anhelos de restauración de los orleanistas y los legitimistas en coalición, Bonaparte representa el título de su poder real, la República; ante los anhelos de restauración de Bonaparte, el partido del orden representa el título de su dominación común, la República; ante los orleanistas, los legitimistas, ante los legitimistas, los orleanistas representan el statu quo, la República. Todas estas fracciones del partido del orden, donde cada una tiene, in petto, su propio rey y su propia restauración, hacen prevalecer alternativamente la dominación común de la burguesía, frente a los anhelos de usurpación y destitución de sus rivales, la forma bajo la cual se neutralizan y se dejan de lado las pretensiones particulares: la República. Así como Kant hizo de la República, la única forma racional del Estado, un postulado de la razón práctica, cuya consecución nunca se alcanza, pero que hay que buscar constantemente como meta y tener siempre presente, así estos monárquicos hacen de la monarquía un postulado.

Así, la república constitucional, que salió de las manos de los republicanos burgueses como una fórmula ideológica vacía, se convirtió en manos de los monárquicos de la coalición en una forma viva y rica en contenido. Y Thiers decía una verdad mayor de la que pensaba cuando declaraba: "Somos nosotros, los monárquicos, los verdaderos soportes de la República constitucional."

La caída del ministerio de la coalición, la asunción del ministerio de los empleados subordinados tiene un segundo significado. Su ministro de finanzas se llamaba Fould. Fould, ministro de Finanzas, es la entrega oficial de la riqueza nacional francesa a la Bolsa, es la administración de las fortunas políticas por la Bolsa y en interés de la Bolsa. Con el nombramiento de Fould, la aristocracia financiera anunció su restauración en Le Moniteur. Esta restauración completó necesariamente las demás, que constituyen como eslabones de la cadena de la República constitucional.

Louis-Filipe nunca se había atrevido a hacer ministro de finanzas a un verdadero lince. Aunque su monarquía era el nombre ideal para la dominación de la alta burguesía, los intereses privilegiados deben llevar en sus ministerios los nombres de una ideología desinteresada. La República burguesa puso en primer plano en todas partes lo que las distintas monarquías, tanto legitimistas como orleanistas, llevaban oculto entre bastidores. Bajó a la tierra lo que habían divinizado. Puso los nombres propios burgueses de los intereses de la clase dominante en el lugar de los nombres de sus santos.

Toda nuestra exposición ha demostrado que la República, desde el primer día de su existencia, no derrocó sino que, por el contrario, constituyó la aristocracia financiera. Pero las concesiones que se le hicieron fueron un destino al que se sometió sin quererlo. Con Fould, la iniciativa gubernamental se convirtió en aristocracia financiera.

Uno se pregunta cómo la burguesía de coalición pudo apoyar y tolerar el dominio de las finanzas que, bajo Luis Felipe, se apoyaba en la exclusión o subordinación de las otras fracciones burguesas.

La respuesta es sencilla.

En primer lugar, la propia aristocracia financiera constituye un grupo de importancia preponderante en la coalición monárquica, cuyo poder gubernamental común se llama República. ¿No son los corifeos y luminarias de los orleanistas los antiguos aliados y cómplices de la aristocracia financiera? ¿No es la falange dorada del orleanismo? En cuanto a los legitimistas, bajo Luis Felipe ya habían participado en todas las orgías de especulación en la bolsa, en la minería, en los ferrocarriles. En definitiva, la unión de los grandes latifundios con las altas finanzas es un hecho normal. Está demostrado por Inglaterra, por la propia Austria.

En un país como Francia, donde la importancia de la producción nacional es inmensamente inferior a la de la deuda nacional, donde los ingresos del Estado constituyen el objeto más importante de la especulación, y donde la Bolsa forma el principal mercado para la inversión de los capitales que desean invertirse productivamente, en un país así es necesario que una enorme multitud de personas de todas las clases burguesas o semiburguesas participen en la deuda pública, en el juego de la Bolsa, en las finanzas. ¿No encuentran todos estos participantes subordinados su apoyo y sus líderes naturales en la fracción que representa estos intereses en las proporciones más masivas, y que los representa en su totalidad?

¿Qué determina que la fortuna pública caiga en manos de las altas finanzas? El endeudamiento cada vez mayor del Estado. ¿Y el endeudamiento del Estado? La continua superación de los gastos sobre los ingresos, desproporción que es causa y efecto del sistema de préstamos públicos.

Para salir de este endeudamiento, es necesario que el Estado restrinja sus gastos, es decir, que simplifique, que reduzca la maquinaria gubernamental, que gobierne lo menos posible, que se relacione lo menos posible con la sociedad burguesa. Algo imposible para el partido del orden, cuyos medios de represión, cuya intrusión oficial en nombre del Estado, cuya presencia en todas partes a través de los organismos del Estado tenía necesariamente que aumentar a medida que su dominación y las condiciones de existencia de su clase se veían amenazadas por todas partes. No se puede bajar la guardia cuando se multiplican los ataques contra las personas y los bienes.

O bien es necesario que el Estado intente evitar las deudas y lograr un equilibrio instantáneo, aunque provisional, del presupuesto haciendo que las contribuciones extraordinarias pesen sobre los hombros de las clases más ricas. Para sustraer la riqueza nacional de la explotación de la Bolsa, ¿debe el partido del orden sacrificar su propia fortuna en el altar de la patria? No seamos ingenuos.

Por lo tanto, sin una transformación completa del Estado francés, no hay transformación del presupuesto francés. Con el presupuesto actual, necesidad de endeudamiento del Estado, y, con el endeudamiento del Estado, necesidad de dominio del comercio, de las deudas públicas, de los acreedores del Estado, de los banqueros, de los cambistas, de los linchadores. Sólo una fracción del partido del orden participó directamente en el derrocamiento de la aristocracia financiera: los industriales. No hablamos de los industriales medios o pequeños, sino de los administradores de los intereses fabriles que, bajo Luis Felipe, habían formado la gran base de la oposición dinástica. Sin duda, estaban interesados en la reducción de los gastos de producción, la reducción de los impuestos sobre la producción, la reducción de las deudas públicas, cuyos intereses estaban incluidos en los impuestos, y el derrocamiento de la aristocracia financiera.

En Inglaterra -y los mayores fabricantes franceses no son más que pequeños burgueses al lado de sus rivales ingleses- encontramos realmente fabricantes, un Cobden, un Bright, a la cabeza de la cruzada contra la banca y la nobleza terrateniente. ¿Por qué no ocurre esto en Francia? En Inglaterra, es la industria la que predomina; en Francia, la agricultura. En Inglaterra la industria necesita el libre comercio: en Francia necesita la protección de la duaneira, el monopolio nacional junto a otros monopolios.

La industria francesa no domina la producción francesa, los industriales franceses, en consecuencia, no dominan a la burguesía francesa. Para hacer triunfar sus intereses frente a las otras fracciones de la burguesía, no pueden, como los ingleses, ponerse a la cabeza del movimiento y llevar al mismo tiempo sus intereses de clase al extremo; deben seguir la revolución y servir a intereses contrarios a los intereses generales de su clase. En febrero habían descuidado su posición; febrero los ha convertido en personas prudentes. ¿Y quién está más directamente amenazado por los trabajadores que el empresario, el capitalista industrial? Por eso el fabricante se ha convertido necesariamente, en Francia, en el miembro más fanático del partido del orden. ¿Cuál es la disminución de su beneficio por las finanzas en comparación con la anulación del beneficio por el proletariado?

En Francia, el pequeño burgués hace lo que normalmente debería hacer el burgués industrial; el obrero hace lo que normalmente sería la tarea del pequeño burgués; y la tarea del obrero, ¿quién la realiza? Nadie. En Francia, la tarea no se realiza; en Francia, se proclama. No se logra en cualquier lugar dentro de los confines de la nación; la guerra de clases dentro de la sociedad francesa se ha expandido a una guerra mundial donde las naciones se encuentran cara a cara. La solución sólo se acerca en el momento en que, por la guerra mundial, el proletario se encuentra a la cabeza de los que dominan el mercado mundial, a la cabeza de Inglaterra. La revolución que encuentra allí no su fin, sino un principio de organización, no es una revolución efímera. La generación actual se asemeja a los judíos que Moisés condujo por el desierto. No sólo tiene que conquistar un nuevo mundo, sino que debe desaparecer para dejar espacio a los hombres que estarán a la altura del nuevo mundo.

Volvamos a Fould.

El 14 de noviembre de 1849, Fould sube a la tribuna de la Asamblea Nacional y expone su sistema financiero: ¡apología del antiguo sistema fiscal, mantenimiento del impuesto sobre los licores, retirada del impuesto sobre la renta Passy!

Sin embargo, Passy no era un revolucionario, sino un antiguo ministro de Luis Felipe. Era uno de esos tipos puritanos de la fuerza de Dufaure, uno de esos confidentes más íntimos de Test, el chivo expiatorio de la monarquía de julio. Passy, él también había elogiado el antiguo sistema fiscal, recomendaba el mantenimiento del impuesto sobre el licor, pero al mismo tiempo había rasgado el velo del déficit público. Ha explicado la necesidad de un nuevo impuesto sobre la renta si no se quiere ir a la quiebra pública. Fould, que había asesorado a Ledru-Rollin sobre la quiebra, intercedió ante el Legislativo en favor del déficit estatal. Prometió un ahorro cuyo secreto se desveló más tarde: vimos, por ejemplo, que los gastos disminuían en sesenta millones y la deuda flotante crecía en doscientos millones - truco de magia en la articulación de los números, en el establecimiento de las cuentas que todo conduce, finalmente, a nuevos préstamos.

El Partido Bolchevique, que no era un partido del Partido Bolchevique, no era un partido del Partido Bolchevique, sino un partido del Partido Bolchevique del Partido Bolchevique, que era un partido del Partido Bolchevique del Partido Bolchevique. Pero el sistema siguió siendo el mismo: aumento constante de las deudas, ocultación del déficit. Luego, con el tiempo, el gorroneo bursátil de antaño se manifestó con mayor cinismo. La ley sobre el ferrocarril de Aviñón, las misteriosas fluctuaciones del valor del Estado, de las que todo París habló durante algún tiempo, las desafortunadas especulaciones de Fould y Bonaparte sobre las elecciones del 10 de marzo, lo demuestran.

Con la restauración oficial de la aristocracia financiera, el pueblo francés no podía sino encontrarse en vísperas de un nuevo 24 de febrero.

En un ataque de misantropía contra su heredera, la Asamblea Constituyente había suprimido el impuesto sobre los licores para el año de gracia 1850. No fue suprimiendo los antiguos impuestos como se pudieron pagar las nuevas deudas. Créton, un cretino del partido del orden, había propuesto el mantenimiento del impuesto sobre los licores incluso antes de la prórroga de la asamblea legislativa. Fould retomó esta propuesta en nombre del ministerio bonapartista, y el 20 de diciembre de 1849, aniversario de la proclamación de Bonaparte, la Asamblea nacional decidió el restablecimiento del impuesto sobre los licores.

El primer orador a favor de esta decisión no fue un financiero, sino el líder de los jesuitas, Montalembert. Su deducción era de una sencillez impresionante: el impuesto es la teta de la que chupa el gobierno. El gobierno son los instrumentos de represión, los órganos de autoridad, el ejército, la policía, los funcionarios, los jueces, los ministros, los sacerdotes. El ataque contra el impuesto es el ataque de los anarquistas contra los centinelas del orden, que protegen la producción material y espiritual de la sociedad burguesa contra las incursiones de los vándalos proletarios. El impuesto es la quinta deidad, junto a la propiedad, la familia, el orden y la religión. Así que el impuesto sobre los licores es indiscutiblemente un impuesto y, además, no es un impuesto ordinario, sino un impuesto tradicional, de mentalidad monárquica, respetable. Viva el impuesto sobre las bebidas! Tres hurras y un hurra más!

El campesino, cuando evoca al diablo, le da los rasgos del alguacil, portador de inquietud. Desde el momento en que Montalembert hizo del impuesto un dios, el campesino se volvió impío, ateo y se lanzó a los brazos del diablo, el socialismo. La religión de la orden se había burlado de él, los jesuitas se habían burlado de él, Bonaparte se había burlado de él. El 20 de diciembre de 1849 había comprometido irremediablemente el 20 de diciembre de 1848. El "sobrino de su tío" ya no era el primero de su familia que había sido derrotado por el impuesto sobre los licores, por ese impuesto que, según la expresión de Montalembert, "anuncia la tormenta revolucionaria." El verdadero y gran Napoleón declaraba en Santa Elena que el restablecimiento del impuesto sobre los licores había contribuido más a su caída que todo lo demás, lo que le llevó a ganarse la hostilidad de los campesinos del midi de Francia. Ya objeto de la ira popular bajo Luis XIV (véanse las obras de Boisguillebert y de Vauban), abolida por la primera revolución, fue restablecida en 1808 por Napoleón bajo una nueva forma. Cuando la Restauración llegó a Francia, no sólo los cosacos galoparon ante ella, sino también las solemnes procesiones de supresión del impuesto sobre los licores. Naturalmente, la nobleza no tuvo que cumplir su palabra ante el "gent taillable à merci et miséricorde"; 1830 prometió la supresión del impuesto sobre los licores. No estaba en su naturaleza hacer lo que decían y decir lo que hacían; 1848 prometió la supresión del impuesto sobre el licor como lo prometió todo. En resumen, la Constitución, que no prometía nada, tenía, como hemos dicho antes, la actitud testamentaria de que el impuesto sobre el licor debía desaparecer el 1 de enero de 1850. Y fue precisamente diez días antes del 1 de enero de 1850 cuando el Legislativo lo restableció. De este modo, los franceses le daban continuamente caza, y cuando le hacían salir por la puerta, le veían entrar por la ventana.

El odio popular al impuesto sobre los licores se explica por el hecho de que combina todos los aspectos odiosos del sistema fiscal francés. Su modo de recaudación es odioso, su modo de distribución aristocrático, ya que, siendo los porcentajes del impuesto iguales para los vinos más ordinarios y los más finos, aumenta entonces en proporción geométrica a medida que disminuye la fortuna de los consumidores, es un impuesto progresivo a la inversa. También provoca directamente el envenenamiento de las clases trabajadoras, haciendo que los vinos falsificados y fabricados sean más codiciados. Reduce el consumo erigiendo puntos fiscales a la entrada de todas las ciudades de más de cuatro mil habitantes y transformándolas en una especie de países extranjeros al anticipar los derechos de duane sobre el vino francés. Así que los grandes comerciantes de vino, y aún más los pequeños, los vendedores de vino, también se declaran contrarios al impuesto sobre las bebidas. Y por último, al disminuir el consumo, el impuesto sobre las bebidas priva a la producción de su mercado. Al mismo tiempo que pone a los trabajadores de la ciudad en la imposibilidad de pagar el vino, pone a los viticultores en la imposibilidad de venderlo. Ahora, Francia tiene una población de doce millones de viticultores. Se puede entender fácilmente el odio del pueblo en general; se puede entender especialmente el fanatismo de los campesinos contra el impuesto sobre el licor. Además, en su restablecimiento, los campesinos no vieron un hecho aislado, más o menos accidental. Tienen una especie de tradición histórica que se transmite de padres a hijos: en esta escuela de historia, se murmura al oído que todo gobierno, cuando quiere engañar a los campesinos, promete la supresión del impuesto sobre el licor; y que, en cuanto ha conseguido lo que quiere, lo mantiene o lo restablece. Es en el impuesto al licor donde el campesino reconoce el "aroma" del gobierno, su orientación. El restablecimiento de este impuesto, el 20 de diciembre, significó: Luis Bonaparte es como los demás; pero no era como los demás, era una invención de los campesinos, y en las peticiones contra el impuesto sobre el licor, que contaron con millones de firmas, recogieron los votos que habían dado, un año antes, al "sobrino de su tío".

La población campesina, que superaba los dos tercios de la población francesa, estaba compuesta en su mayoría por supuestos terratenientes libres. La primera generación, liberada por la Revolución de 1789 de las cargas feudales, no había pagado nada por la tierra. Pero las generaciones siguientes pagaron, en forma de valor de la tierra, lo que sus antepasados semiesclavos habían pagado en forma de rentas, diezmos, corveos, etc. Cuanto más crecía la población, más aumentaba la cuota de tierra y más subía el precio del lote, pues la demanda crecía a medida que disminuía su tamaño. Cuanto más aumentaba el precio que el campesino pagaba por una parcela, ya fuera por haberla comprado directamente o por haberla computado como capital por sus codemandados, más aumentaba en la misma proporción el endeudamiento del campesino, es decir, la hipoteca. El título de crédito realizado sobre el terreno se denomina, en efecto, una hipoteca, una garantía sobre el terreno. Al igual que los privilegios se acumularon en la propiedad medieval, las hipotecas se acumularon en el lote moderno. Por otro lado, en el régimen de adjudicación, la tierra es para su propietario un mero instrumento de producción. A medida que la tierra se fragmenta, su fertilidad disminuye. El uso de maquinaria en la tierra, la división del trabajo, las grandes obras de mejora del suelo, como los canales, el drenaje, la irrigación, etc., se hacen cada vez más imposibles, mientras que los gastos incidentales del cultivo crecen en proporción a la división del propio instrumento de producción. Y así es como el propietario del lote posee o no posee un capital. Cuanto más aumenta la división, y cuanto más la propiedad constituye con su inventario extremadamente miserable todo el capital del campesino parcelista; y cuanto menos el capital se invierte en la tierra, y más el pequeño campesino carece de tierra, dinero y conocimientos para utilizar los avances de la agronomía; y más retrocede la cultura del suelo. Por último, el producto neto disminuye a medida que crece el consumo bruto, y toda la familia del campesino es expulsada de cualquier otra ocupación por su propiedad, e incluso entonces es incapaz de mantenerla.

Entonces, a medida que la población crece, y con ella el reparto de la tierra, el instrumento de producción, la tierra, se encarece y su fertilidad disminuye; es en la misma medida que la agricultura decae y el campesino se endeuda. Y lo que era el efecto se convierte, a su vez, en la causa; cada generación deja a la otra más endeudada, cada nueva generación comienza en las condiciones más desfavorables y más duras, la hipoteca engendra la hipoteca, y cuando el campesino ya no puede ofrecer su tierra en prenda de nuevas deudas, es decir, la carga de nuevas hipotecas, se convierte directamente en presa de la usura; y el interés usurario se hace cada vez mayor.

Ocurre entonces que el campesino francés, en forma de intereses sobre las hipotecas constituidas sobre la tierra, en forma de intereses sobre los anticipos no hipotecados de los usureros, cede al capitalista no sólo la renta de la tierra, no sólo el beneficio industrial, en una palabra, no sólo todos los beneficios netos, sino incluso una parte de los salarios, de modo que cae al nivel del campesino irlandés; y todo ello bajo el pretexto de ser propietario privado.

Este proceso se ha acelerado en Francia por el aumento constante de las cargas fiscales y de los costes de la justicia, ya sea que se deriven directamente de las propias formalidades con las que la legislación francesa rodea a los bienes inmuebles, o de los innumerables conflictos provocados por los lotes que por todas partes se tocan y confunden, o de la furia progresiva de los campesinos cuyo disfrute de la sociedad se limita a hacer valer fanáticamente su propiedad imaginaria, el derecho de propiedad.

El Partido Bolchevique, que ya existía desde hacía tiempo, estaba en proceso de crear un partido de la clase obrera. El Partido Bolchevique, que existía desde hacía mucho tiempo, estaba en proceso de crear un movimiento obrero para el Partido Bolchevique, que existía desde hacía mucho tiempo. Esto deja un producto neto de mil seiscientos ochenta y cinco millones ciento setenta y ocho mil francos, de los que hay que deducir quinientos cincuenta millones de francos para los intereses hipotecarios, cien millones de francos para los funcionarios de justicia, trescientos cincuenta millones de francos para los derechos de registro, los derechos de franquicia, las hipotecas, etc. Queda un tercio del producto neto, quinientos treinta y ocho millones; dividido per cápita de la población, no es ni siquiera veinticinco francos de producto neto. No llegaba ni a veinticinco francos de producto neto por habitante de la población.

Se comprenderá cuál era la situación de los campesinos franceses cuando la República añadió nuevas cargas a las ya existentes. Se verá que su explotación sólo difiere en la forma de la explotación del proletariado industrial. El explotador es el mismo: el capital. Los capitalistas, propiamente dichos, explotan a los campesinos, propiamente dichos, mediante hipotecas y usura. La clase capitalista explota a la clase campesina a través del impuesto estatal. El título de propiedad es el talismán con el que el capital lo ha hechizado hasta ahora, el pretexto con el que lo ha incitado contra el proletariado industrial. Sólo la caída del capital puede levantar al campesino, sólo un gobierno anticapitalista y proletario puede sacarlo de su miseria económica, de su degradación social. La república constitucional es la dictadura de sus explotadores coludidos, la república socialdemócrata, la república roja, es la dictadura de sus aliados. Y la balanza sube o baja según los votos que el campesino echa en la urna electoral. Es él mismo quien debe decidir su destino. Esto es lo que decían los socialistas en panfletos, almanaques, calendarios, panfletos de todo tipo. Este lenguaje se hizo más comprensible para el campesino gracias a las publicaciones opositoras del partido del orden, que se dirigían a él, a su vez, con cruda exageración, brutal interpretación y representación de las intenciones e ideas de los socialistas, dieron el tono adecuado en el campesinado y despertaron el deseo del fruto prohibido. Pero el lenguaje más comprensible era el de las propias experiencias de la clase campesina en el ejercicio del derecho al voto, y las decepciones que, en la precipitación revolucionaria, le habían sucedido continuamente. Las revoluciones son la locomotora de la historia.

El malestar gradual se manifestó entre los campesinos a través de diferentes síntomas. Se manifestó ya en las elecciones a la asamblea legislativa, se manifestó en el estado de sitio proclamado en los cinco departamentos limítrofes con Lyon; se manifestó unos meses después del 13 de junio con la elección de un montañés en lugar del antiguo alcalde que no se encontraba en el departamento de Gironda; se manifestó, el 20 de diciembre de 1849, con la elección de un diputado rojo en lugar de un legitimista fallecido en el departamento de Gard, esta tierra prometida de los legitimistas, teatro de los más terribles crímenes contra los republicanos en 1794 y 1795, centro del terror blanco en 1815, cuando liberales y protestantes fueron asesinados públicamente. Fue tras el restablecimiento del impuesto sobre el licor cuando esta revolución de la clase más acomodaticia se manifestó de forma más visible. Las medidas y leyes gubernamentales de enero y febrero de 1850 se dirigieron casi exclusivamente contra los departamentos y los campesinos. Esta es la prueba más sorprendente de su progreso.

La circular de Hautpoul, que convertía al gendarme en inquisidor del prefecto, del subprefecto y sobre todo del maire, que organizaba espías hasta en los rincones más alejados de la comuna rural; la ley contra los maestros, que los sometía, a las lumbreras, a los portavoces, a los educadores y a los intérpretes de la clase campesina, al arbitraje del prefecto que los perseguía de uno a otro como a un animal de caza, a estos proletarios de la clase culta; el proyecto de ley contra los menores, que levantó sobre sus cabezas la espada de Demócrates de la revolución ,y que enfrentó a cada instante, a ellos, los presidentes de las comunas, al presidente de la república y al partido del orden; la orden que transformó las diecisiete regiones militares de Francia en cuatro paxaliques, y que concedió a los franceses el cuartel y el campamento como salón nacional; la ley sobre la educación, por la que el partido del orden proclamó que la inconsciencia y el ensañamiento de Francia por la fuerza son la condición de su existencia. ¿Qué eran todas estas leyes y medidas? Formas de intentos desesperados del partido del orden para recuperar los departamentos y los campesinos de los departamentos.

Se consideran medios de represión, son lamentables y van en contra de su propia finalidad. Las grandes medidas como el mantenimiento del impuesto sobre los licores, el impuesto de cuarenta y cinco céntimos, el rechazo despectivo de las peticiones de los campesinos para la devolución de los miles de millones, etc., todos estos rayos legislativos del centro cayeron sobre la abandonada clase campesina como un latigazo; las leyes y medidas mencionadas hicieron del ataque y la resistencia la charla diaria general en cada tugurio, inoculando la revolución en cada pueblo; localizaron la revolución y la hicieron campesina.

Por otra parte, estas propuestas de Bonaparte, su adopción por la Asamblea nacional, ¿no prueban la unión de los dos poderes de la república constitucional, al menos en lo que se refiere a la represión de la anarquía, o más bien de todas las clases que se levantan contra la dictadura burguesa? ¿Acaso Soulouque, inmediatamente después de su abrupto mensaje, no había asegurado al Legislativo su devoción por el orden mediante el mensaje de Carlíer, esa obscena y burda caricatura de Fouché, como el propio Luis Bonaparte era la vulgar caricatura de Napoleón?

La ley de enseñanza nos muestra la alianza de los jóvenes católicos y los viejos voltairistas. ¿La dominación de los burgueses unidos podría ser otra cosa que el despotismo unido de la Restauración amiga de los jesuitas y la monarquía de julio creyéndose por encima del bien y del mal? Las armas que una de las fracciones burguesas había distribuido entre el pueblo contra la otra en sus luchas recíprocas por la supremacía, ¿no era necesario recuperarlas del pueblo cuando éste comenzó a oponerse a su dictadura combinada? Nada irritó más al comercio parisino que esta afectada muestra de jesuitismo, ni siquiera el rechazo de los concordatos amistosos. Mientras tanto, las coaliciones continuaban tanto entre las diferentes fracciones del partido del orden como entre la Asamblea nacional y Bonaparte. No gustó mucho a la Asamblea nacional que Bonaparte, inmediatamente después de su golpe de Estado, tras la formación de su propio ministerio bonapartista, convocara ante él a los impotentes de la monarquía, ahora nombrados prefectos, e hiciera de su agitación anticonstitucional a favor de su reelección a la presidencia la condición para mantenerlos en sus funciones; que Carlier había celebrado su toma de posesión con la extinción de una asociación política legitimista; que Napoleón había fundado su propio periódico, el Napoleón, que revelaba al público las ambiciones secretas del presidente, mientras sus ministros se veían obligados a desmentirlas en la tribuna del Legislativo; Tampoco le agradó este insolente mantenimiento del ministerio a pesar de los numerosos votos de censura, ni el intento de ganarse el apoyo de los suboficiales mediante una elevada paga diaria de cuatro sous, y el apoyo del proletariado mediante una especie de plagio de los Mysteres de

Eugenio Sue, el banco de préstamos sin intereses; disgusto, por último, por la insolencia con la que se proponía la deportación a Argelia de los últimos insurrectos de junio por parte de los ministros, con el fin de arrojar una impopularidad al por mayor sobre los representantes legislativos, mientras que el Presidente se reservaba para sí la popularidad al por menor mediante algunos actos de benevolencia. Thiers soltó palabras amenazantes de golpes de Estado y decisiones frívolas, y la Legislatura se vengó rechazando todo proyecto de ley que él personalmente presentaba, y sometiendo a una ruidosa investigación, llena de sospechas, cada uno de los que hacía en interés general, para ver si, al aumentar el poder ejecutivo, no tenía como objetivo el beneficio del poder personal. En definitiva, se vengaría con la conspiración de la indiferencia. El partido de los legitimistas, por su parte, vio con descontento que los orleanistas más capaces se apoderaban de nuevo de casi todos los puestos y que la centralización crecía, mientras que buscaba por principio su seguridad en la descentralización. Y era cierto. La contrarrevolución centralizó por la fuerza, es decir, preparó el mecanismo de la revolución. Mediante la circulación forzada de billetes, centralizó incluso el oro y la plata de Francia en el Banco de París, creando así el tesoro de guerra preparado de la revolución.

Los orleanistas, por último, constataron con disgusto que el principio de legitimidad se oponía a su principio de aburguesamiento, y se encontraron desatendidos y maltratados en todo momento como un marido noble casado con una mujer burguesa.

Hemos visto a los campesinos, a la pequeña burguesía, a las capas medias en general, pasar progresivamente al lado del proletariado, llevados a la oposición abierta a la República oficial, tratados por ella como adversarios. La rebelión contra la dictadura burguesa, la necesidad de modificar la sociedad, el mantenimiento de las instituciones republicano-democráticas como sus órganos impulsores, la agrupación en torno al proletariado como fuerza revolucionaria decisiva: tales son los rasgos comunes de lo que se llama el partido de la socialdemocracia, el partido de la república roja. Este partido de la anarquía, como lo han bautizado sus opositores, es una coalición de intereses tan diferentes como el partido del orden. Desde la pequeña reforma del viejo desorden social hasta la subversión de este viejo orden social, desde el liberalismo burgués hasta el terrorismo revolucionario, estos son los puntos extremos que constituyen a la vez el punto de partida y el punto final del partido de la "anarquía".

La supresión de los derechos proteccionistas -¡eso es socialismo! porque se opone al monopolio de la fracción industrial del partido del orden. La regularización del presupuesto del Estado -¡eso es socialismo! porque se opone al monopolio de la fracción financiera del partido del orden. El libre acceso de la carne y el grano extranjeros -¡es socialismo! porque se opone al monopolio de la tercera fracción del partido del orden, los grandes terratenientes. Las reivindicaciones del partido librecambista, es decir, del partido burgués inglés más avanzado, surgieron en Francia también como reivindicaciones socialistas. El voltairismo -¡es el socialismo! porque se opone a una cuarta fracción del partido del orden, la fracción católica. La libertad de prensa, el derecho de asociación, la instrucción general del pueblo, es el socialismo, ¡sigue siendo el socialismo! Se oponen al monopolio del partido del orden en su conjunto.

La marcha de la revolución había hecho madurar tan rápidamente la situación que los amigos de las reformas de todo tipo, que las reivindicaciones más modestas de las clases medias, se vieron obligados a reunirse en torno a la bandera del partido subversivo más radical, la bandera roja.

Los bolcheviques y los socialistas-revolucionarios, por muy variado que fuera el socialismo de las distintas grandes fracciones del Partido de la Anarquía, según las condiciones económicas y todas las necesidades revolucionarias de su clase o de su fracción de clase, estaban de acuerdo en un punto: proclamaban que era el medio de emancipación del terrateniente y que la emancipación del terrateniente era su objetivo. Mentira deliberada para unos, ilusión para otros, que proclaman el mundo transformado según sus necesidades como el mejor de los mundos para todos, como la realización de todas las reivindicaciones revolucionarias, y la supresión de todas las coaliciones revolucionarias.

Bajo las palabras socialistas en general bastante parecidas a las del partido de la anarquía, se esconde el socialismo del National, de La Presse y del Siêcle, que quiere, de manera más o menos consecuente, derrocar la dominación de la aristocracia financiera y liberar a la industria y al comercio de sus antiguas cadenas. Es el socialismo de la industria, del comercio y de la agricultura, cuyos administradores del partido del orden reniegan de los intereses a medida que no concuerdan con sus monopolios privados. De este socialismo burgués, que naturalmente, como toda variedad de socialismo, congrega a una parte de obreros y pequeños burgueses, se distingue el socialismo pequeñoburgués propiamente dicho, el socialismo por excelencia. El capital persigue a esta clase principalmente como acreedor: reclama instituciones de crédito; la aplasta mediante la competencia, reclama asociaciones subvencionadas por el Estado; la oprime mediante la concentración, reclama impuestos progresivos, restricciones a la herencia, la ejecución por el Estado de grandes obras y otras medidas que obstaculizan violentamente el crecimiento del capital. Como sueña con una realización pacífica de su socialismo - salvo, tal vez, una segunda revolución de febrero de pocos días-, el próximo proceso histórico le parece naturalmente la aplicación de los sistemas que los pensadores sociales conciben o han concebido juntos o aisladamente. Los pequeños burgueses se convierten así en eléticos o adherentes de los sistemas socialistas existentes, del socialismo doctrinario que ha sido la expresión teórica del proletariado durante tanto tiempo que éste, el proletariado, no estaba aún suficientemente desarrollado para convertirse en un movimiento histórico libre e independiente.

Así, mientras que la utopía, el socialismo doctrinario que subordina todo el movimiento a uno de sus momentos, que pone en el lugar de la producción común y social la actividad cerebral del pedante individual y cuya fantasía suprime la lucha revolucionaria de las clases con sus necesidades, mediante pequeños artificios o grandes sentimentalismos, mientras que este socialismo doctrinario que se limita en el fondo a idealizar la sociedad real, a reproducirle una imagen sin sombra y que quiere hacer triunfar su ideal sobre la realidad social; mientras el proletariado deja este socialismo en manos de la pequeña burguesía, mientras la lucha de los diferentes sistemas entre sí hace que cada uno de los supuestos sistemas aparezca como el mantenimiento pretencioso de uno de los puntos de transición de la agitación social contra otro punto, el proletariado se une cada vez más en torno al socialismo revolucionario, en torno al comunismo al que la propia burguesía ha dado el nombre de Blanqui. Este socialismo es la declaración permanente de la revolución, la dictadura de clase del proletariado, la transición necesaria para llegar a la extinción de las diferentes clases en general, a la extinción de todas las relaciones de producción en las que se apoyan, a la extinción de todas las relaciones sociales que corresponden a esas relaciones de producción, a la subversión de todas las ideas que emanan de esas relaciones sociales.

El espacio reservado para esta exposición no nos permite desarrollar suficientemente este tema.

Hemos visto que, si en el partido del orden era la aristocracia financiera la que necesariamente tomaba la delantera, en el partido de la "anarquía" era el proletariado. Mientras las diversas clases unidas en una liga revolucionaria se agrupaban en torno al proletariado, mientras los departamentos se volvían cada vez menos seguros y la propia Asamblea Legislativa se irritaba cada vez más por las pretensiones del Soulouque francés, se acercaban las elecciones complementarias, tanto tiempo aplazadas y retrasadas para sustituir a los proscritos montañeses del 13 de junio.

Despreciado por sus enemigos, maltratado y humillado diariamente por sus supuestos amigos, el Gobierno sólo vio una salida a su repugnante e insoportable situación: los disturbios.

Un motín en París le permitiría proclamar el estado de sitio en la capital y los departamentos, y le daría así el mando de las elecciones. Por otro lado, los amigos del orden, ante un gobierno que había logrado la victoria sobre la anarquía, se verían obligados a hacer concesiones si no querían parecer ellos mismos anarquistas.

El Gobierno se puso a trabajar. A principios de febrero de 1850, provocó al pueblo cortando los árboles de la libertad. Una vez desaparecidos los árboles de la libertad, el propio Gobierno perdió la cabeza y retrocedió, asustado ante su provocación. Pero la Asamblea nacional recibió este torpe intento de emancipación de Bonaparte con una desconfianza glacial. La retirada de las coronas de los inmortales en el obelisco de julio no tuvo más éxito. Proporcionó a una parte del ejército la ocasión de realizar manifestaciones revolucionarias, y a la Asamblea nacional el pretexto para un voto de censura más o menos disimulado contra el ministerio. Y fue en vano que la prensa gubernamental amenazara con la supresión del sufragio universal, la invasión de los cosacos. Infructuosamente Houtpoul invitó, en medio del Legislativo, a la izquierda a bajar a la calle, declarando que el Gobierno estaba dispuesto a recibirla. Haultpoul no obtuvo más que una llamada al orden del Presidente, y el partido del orden dejó, con un secreto regocijo maligno, que un diputado de la izquierda ridiculizara las ambiciones usurpadoras de Bonaparte. Por fin se profetizó una revolución para el 24 de febrero. El Gobierno dispuso que el 24 de febrero fuera ignorado por el pueblo.

El proletariado no se dejaría provocar por ninguna agitación, porque estaba a punto de hacer la revolución.

Sin dejarse intimidar por las provocaciones del Gobierno, que no hacían más que aumentar la irritación general contra el estado de cosas imperante, el comité electoral, que estaba bajo la influencia de los trabajadores, presentó tres candidatos para París: Deflotte, Vidal y Carnot. Deflotte era un deportado de junio, amnistiado por Napoleón en un acto dirigido a la popularidad, era amigo de Blanqui y había participado en el atentado del 15 de mayo; Vidal, antiguo secretario de Louis Blanc en la comisión de Luxemburgo, era conocido como escritor comunista por su libro De la répartition des richesses; Carnot, hijo del convencional que había organizado la victoria, el menos comprometido de los miembros del partido del Nacional, había sido ministro de educación en el gobierno provisional y en la comisión ejecutiva; su proyecto de ley democrática sobre la educación popular era una viva protesta contra la ley de educación debida a los jesuitas. Estos tres candidatos representaban a las tres clases aliadas: a la cabeza, el insurrecto de junio, representante del proletariado revolucionario; a su lado, el socialista doctrinario, representante de la pequeña burguesía socialista; el tercero, finalmente, el representante del partido republicano burgués, cuyas fórmulas democráticas, frente al partido del orden, adquirían un sentido socialista, y hacía tiempo que habían perdido su sentido propio. Era, como en febrero, una coalición general contra la burguesía y el Gobierno. Pero esta vez el proletariado estaba a la cabeza de la liga revolucionaria.

A pesar de todos los esfuerzos, los candidatos socialistas triunfaron. El propio ejército votó por el insurrecto de junio, en contra de su propio Ministro de Guerra, Lahittte. El partido del orden fue como golpeado por un rayo. Las elecciones en los departamentos no le sirvieron de consuelo: su resultado fue una mayoría de montagnards. La elección del 10 de marzo de 18501 Fue la negación de junio de 1848: los masacradores y los "deportadores" de los rebeldes de junio estaban de vuelta en la Asamblea Nacional, con la columna vertebral inclinada, detrás de los deportados y sus principios despectivos. Era la negación del 13 de junio de 1849: La Montagne, proscrito por la Asamblea Nacional, volvía a estar en la Asamblea Nacional, pero como corneta avanzado de la revolución y ya no como su líder. Era la negación del 10 de diciembre: Napoleón había sufrido un revés con su ministro Lahitte. La historia parlamentaria de Francia sólo conoce un caso análogo: el fracaso de Haussez, ministro de Carlos X, en 1830. La elección del 10 de marzo de 1850 anuló finalmente la del 13 de mayo que había dado la mayoría al partido del orden. La elección del 10 de marzo protestó contra la mayoría del 13 de mayo. El 10 de marzo fue una revolución. Detrás de las papeletas, la inesperada derrota.

"El voto del 10 de marzo es la guerra", gritó Ségur dAguesseau, uno de los miembros más destacados del partido del orden.

Con el 10 de marzo de 1850, la República constitucional entra en una nueva fase, la de su disolución. Las diferentes fracciones de la mayoría vuelven a unirse entre sí y con Bonaparte. Ellos vuelven a ser los caballeros del orden y él vuelve a ser su hombre neutral. Cuando se acuerdan de que son monárquicos, es sólo porque ya no tienen esperanza en la posibilidad de la república burguesa; él, cuando se acuerda de que es el presidente, es sólo porque no tiene esperanza de seguir siéndolo.

A la elección de Deflotte, el rebelde de junio, Bonaparte respondió, a propuesta del partido del orden, con el nombramiento de Baroche como ministro del Interior; Baroche, el acusador de Blanqui y de Barbês, de Ledru-Rollin y de Guinard. A la elección de Carnot, el Legislativo responde con el voto de la ley de educación; a la elección de Vidal, con el estrangulamiento de la prensa socialista. Mediante las "trompetas" de su prensa, el partido del orden pretende disipar su propio miedo. "La espada es sagrada", clama uno de sus órganos. "Es necesario que los defensores del orden tomen la ofensiva contra el partido rojo", dice otro. "Entre el socialismo y la sociedad hay un duelo a muerte, una guerra despiadada e implacable; en este duelo desesperado debe desaparecer uno u otro, si la sociedad no anula el socialismo, el socialismo anulará la sociedad", canta un tercer gallo del orden. ¡Levanten las barricadas del orden, las barricadas de la religión! ¡Hay que romper con los ciento veintisiete mil votantes de París! ¡Un San Bartolomé de los socialistas! Y el partido del orden creyó por un instante en la certeza de su propia victoria. Es contra los "mercaderes de París" que sus órganos luchan de la manera más fanática.

¡El rebelde de junio, elegido representante de los comerciantes de París! Esto significa que es imposible un segundo junio de 1848, esto significa que es imposible un segundo 13 de junio de 1849, esto significa que la influencia moral del capital ha sido destruida, esto significa que la Asamblea burguesa sólo representa a la burguesía, esto significa que la gran propiedad está perdida, pues su vasallo, la pequeña propiedad, busca su salvación en el campo de los no capitalistas.

El partido del orden vuelve inevitablemente a su lugar común: "¡Mayor represión!", exclama, "¡diez veces más represión!"; pero su poder de represión es diez veces más débil, mientras que la resistencia es cien veces más fuerte. El principal instrumento de represión, el ejército, ¿no debe ser llamado a la cordura? Y el partido del orden pronuncia sus últimas palabras: "Es necesario romper el círculo de hierro de una legalidad asfixiante. La República constitucional es imposible. Es necesario que luchemos con nuestras verdaderas armas: después de febrero de 1848, hemos combatido la Revolución con sus armas y en su terreno; aceptamos sus instituciones, la Constitución es una fortaleza que protege a los atacantes, no a los atacados. Escondidos en el vientre del caballo de Troya, en la sagrada Ilión, imitando a nuestros antepasados, los griegos, no conquistamos la ciudad enemiga, nos hicieron, por el contrario, a nosotros mismos, los prisioneros."

Pero el fundamento de la Constitución es el sufragio universal. La supresión del sufragio universal será la última palabra del partido del orden, de la dictadura burguesa.

El sufragio universal le dio la razón el 24 de mayo de 1848, el 20 de diciembre de 1848, el 13 de mayo de 1849 y el 8 de julio de 1849. El sufragio universal se perjudicó a sí mismo el 10 de marzo de 1850. La dominación burguesa, como emanación y resultado del sufragio universal, como expresión de la voluntad del pueblo soberano, ese es el sentido de la constitución burguesa. Pero desde el momento en que el contenido del derecho al sufragio, de la voluntad soberana, deje de ser la dominación burguesa, ¿seguirá teniendo sentido la Constitución? ¿No es el deber de la burguesía regular el derecho al voto de manera que acepte lo razonable, es su dominación? El sufragio universal, al suprimir constantemente el poder público reinante y hacerlo emanar de nuevo de su seno, ¿no suprime toda estabilidad, pone en cuestión a cada instante todos los poderes establecidos, anula la autoridad, amenaza con hacer de la autoridad la anarquía misma? Después del 10 de marzo, ¿quién podría seguir dudando? Rechazando el sufragio universal, en el que hasta ahora se había implicado, y del que extraía toda su omnipotencia, la burguesía confiesa sin tapujos: "Nuestra victoria se ha mantenido hasta aquí por la voluntad del pueblo; ahora debe consolidarse contra la voluntad del pueblo." Y, en consecuencia, busca sus apoyos ya no en Francia, sino fuera de ella, en el extranjero, en la invasión.

Con la invasión, según Coblence, habiendo establecido su sede en la propia Francia, levanta todas las pasiones nacionales contra ella. Con su ataque al sufragio universal, proporciona a la nueva revolución un pretexto general; y la revolución necesita tal pretexto. Cualquier pretexto particular separaría a las fracciones de la liga revolucionaria y sacaría a relucir sus diferencias. El pretexto general aturde a las clases semirrevolucionarias; les permite engañarse sobre el carácter determinado de la revolución que viene, sobre las consecuencias de su propia acción. Toda revolución necesita un "banquete". El sufragio universal es el "banquete" de la nueva revolución.

Pero la coalición de fracciones burguesas ya está condenada cuando se refugia en los márgenes de la única forma posible de su poder común, la forma más poderosa y más completa de su dominación de clase, la república constitucional, y se acerca a la forma inferior, incompleta y más débil de la monarquía. Se asemejan al anciano que, para recuperar su fuerza juvenil, vuelve a vestir sus ropas de la infancia e intenta, malamente, ocultar sus miembros marchitos. La República de las facciones burguesas de la coalición sólo tiene un mérito, el de ser el invernadero de la revolución.

El 10 de marzo de 1850 lleva el titular:
"Después de mí, la inundación".